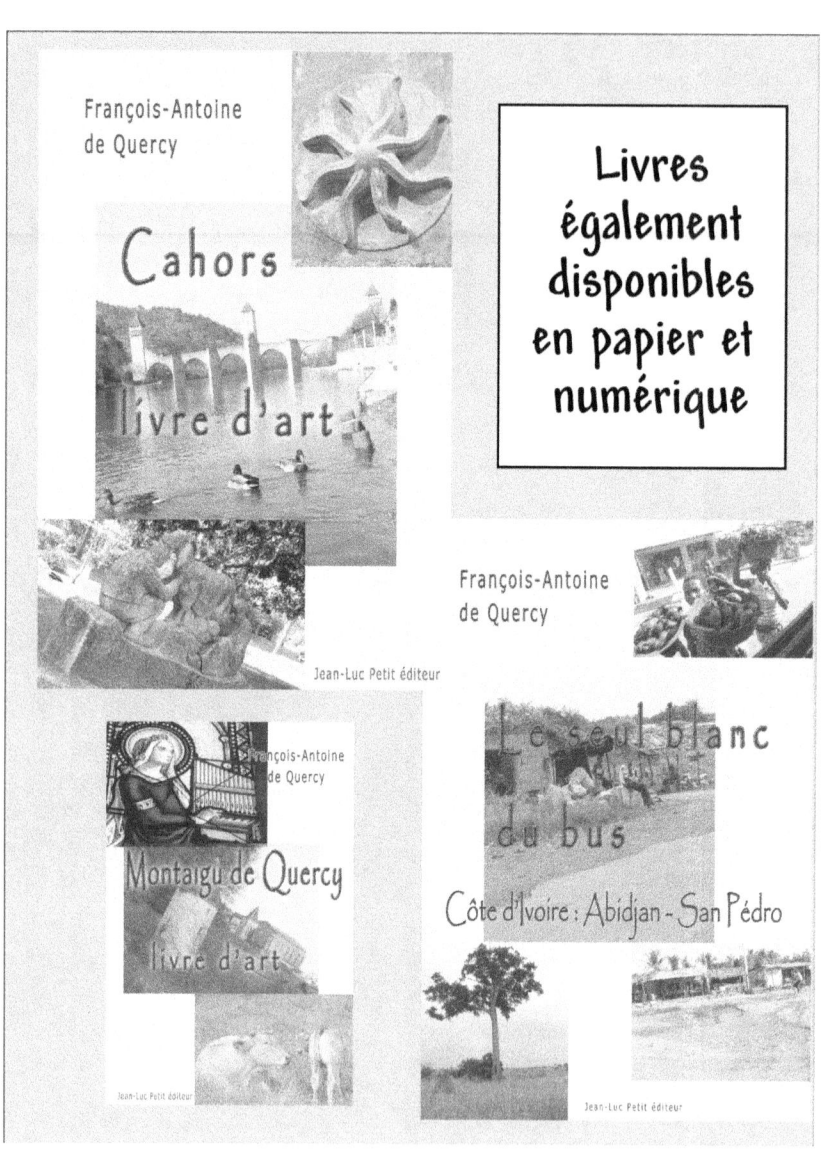

Montcuq, livre d'art

Du même auteur*

Sous le nom de **François-Antoine de Quercy** :

Cahors, livre d'art
Montaigu de Quercy, livre d'art
Quercy Blanc, livre d'art
Le seul blanc du bus
Laramière, livre d'art
Valprionde, livre d'art
Gustave Guiches, *Au fil de la vie*, notice, commentaires, photos

Sous d'autres noms

Romans

Le Roman de la Révolution Numérique
Ils ne sont pas intervenus (le livre des conséquences)
Le roman du show-biz et de la sagesse
Quand les familles sans toit sont entrées dans les maisons fermées
Liberté j'ignorais tant de Toi
Viré, viré, viré, même viré du Rmi !

Théâtre

Neuf femmes et la star
Les secrets de maître Pierre, notaire de campagne
Ça magouille aux assurances
Chanteur, écrivain : même cirque
Deux sœurs et un contrôle fiscal
Amour, sud et chansons
Pourquoi est-il venu :
Aventures d'écrivains régionaux
Avant les élections présidentielles
Scènes de campagne, scènes du Quercy
Blaise Pascal serait webmaster
Trois femmes et un Amour
J'avais 25 ans
La fille aux 200 doudous

* extrait du catalogue, voir page 120

François-Antoine de Quercy

Montcuq, livre d'art

Jean-Luc Petit éditeur - Collection Livres d'artistes

L'éditeur versant lotois :

http://www.lotois.fr

Tout simplement et logiquement !

Tous droits de traduction, de reproduction, d'utilisation, d'interprétation et d'adaptation réservés pour tous pays, pour toutes planètes, pour tous univers.

Site officiel : http://www.ecrivain.pro

© Jean-Luc PETIT - BP 17 - 46800 Montcuq – France

Montcuq, livre d'art

Trouver le bon vers pour rimer art et Montcuq nécessite sûrement des qualités peu appréciées au village...

Fallait-il attendre la disparition du photographe pour présenter ces œuvres ?
Nul doute qu'il se serait alors trouvé des élus, et peut-être même des sponsors, pour soutenir ce projet...

Nous pensons préférable de réaliser ce livre en 2014.
Même sans budget promotionnel ni soutien médiatique...

Certaines photos ont déjà été publiées. L'homme derrière l'appareil photo est donc identifié... Son témoignage photographique lotois est unique et immense... même si prime son œuvre théâtrale, non jouée dans le Lot mais partiellement traduite en anglais, allemand, espagnol et italien, probable sésame d'une postérité peut-être synonyme de rues et avenues à son nom (il préconise une impasse pour "le grand homme" disparu sans l'avoir vraiment lu...)

155 photos et des notes, légendes. Il s'agit de témoigner par l'art et non d'une narration historique... Extraire la beauté... Témoigner, laisser une trace de « l'inutile voué à disparaître »

fixer sous un angle inédit le "patrimoine", scruter l'ignoré, l'éphémère, le surprenant... Ce qui est ne sera pas forcément demain... Un document dans le cadre du vaste projet des livres d'art... Une œuvre doit également faire réfléchir. Que font d'un espace celles et ceux qui y vivent, pour une courte durée, finalement...

Aline & Fanny

Pour
François-Antoine de Quercy
FAQ
http://www.quercy.pro

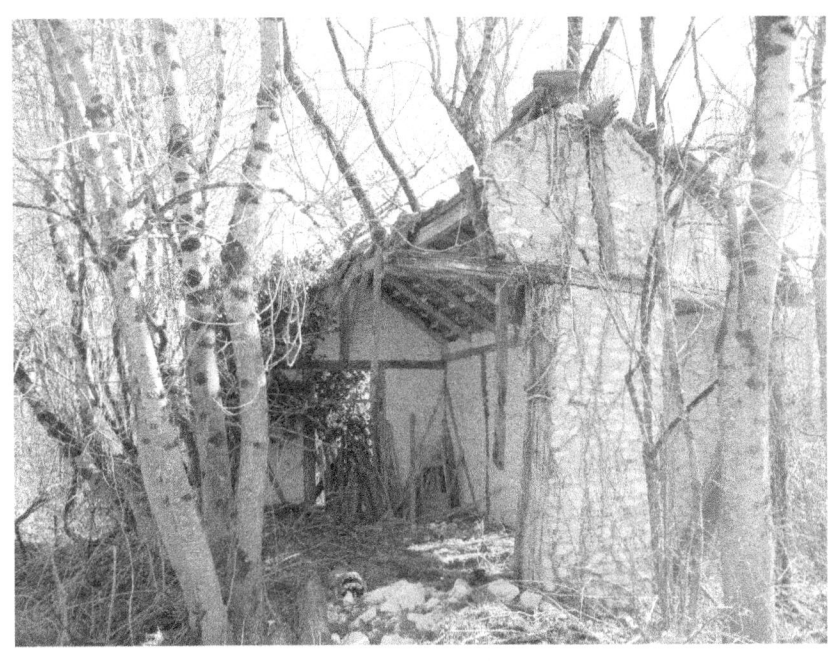

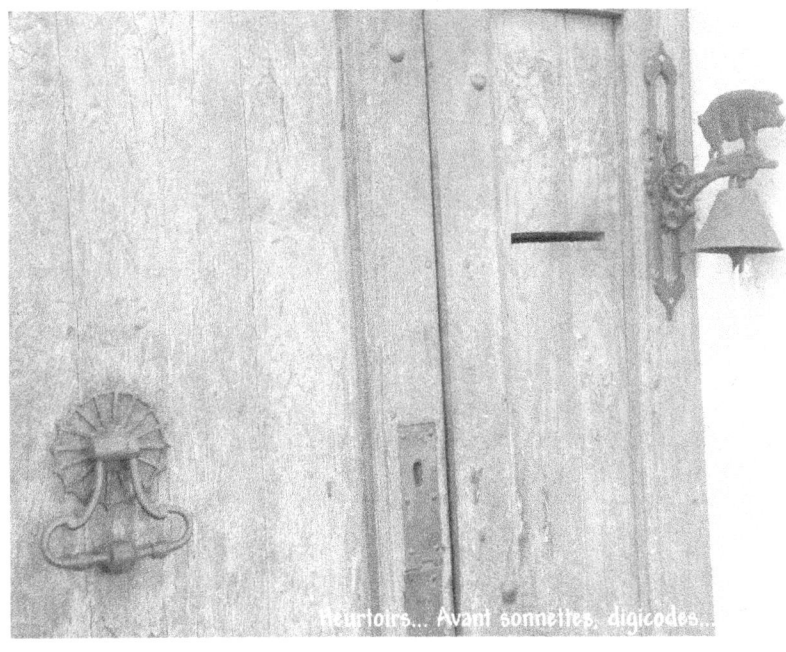

Heurtoirs... Avant sonnettes, digicodes...

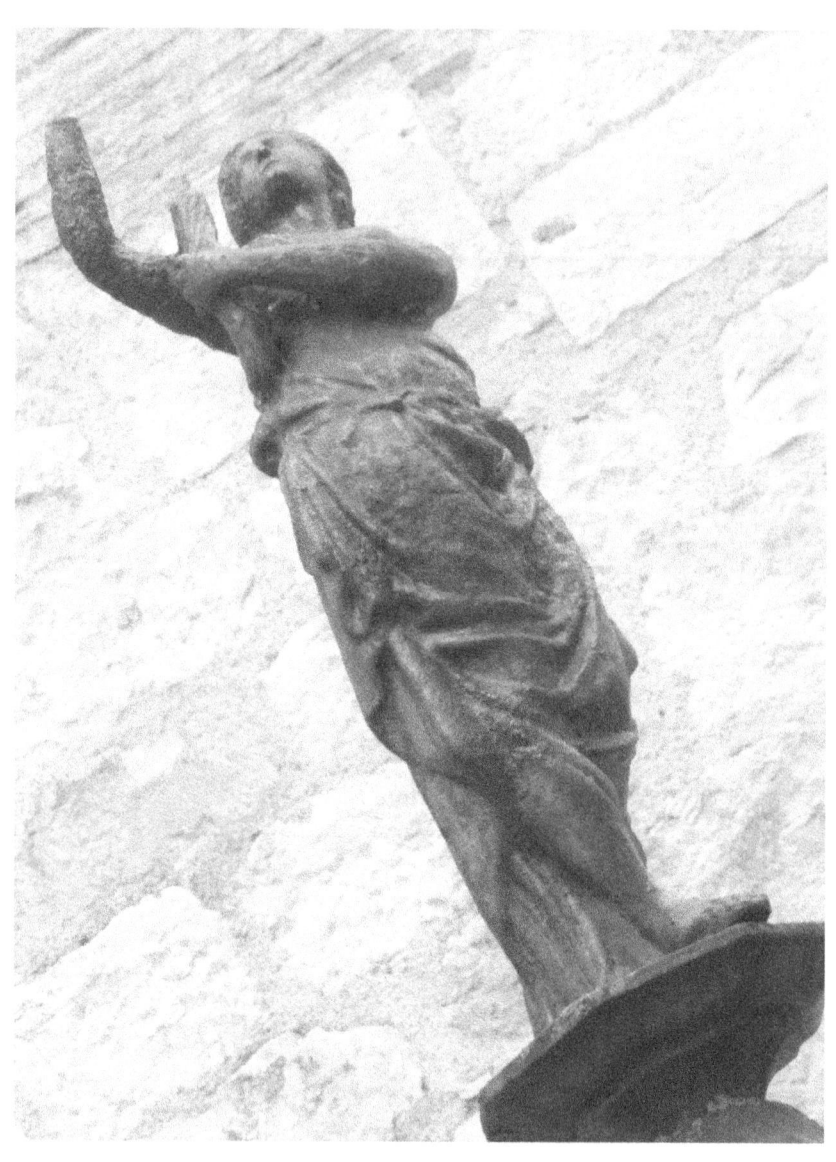

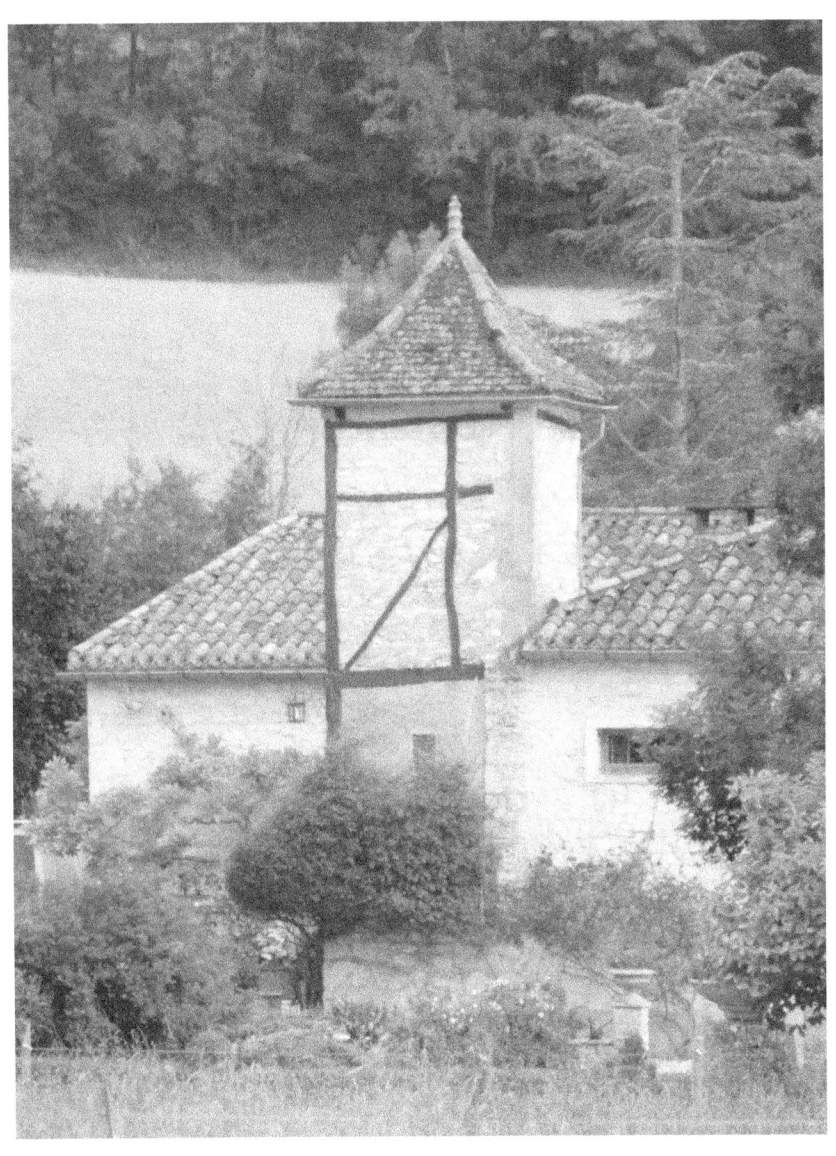

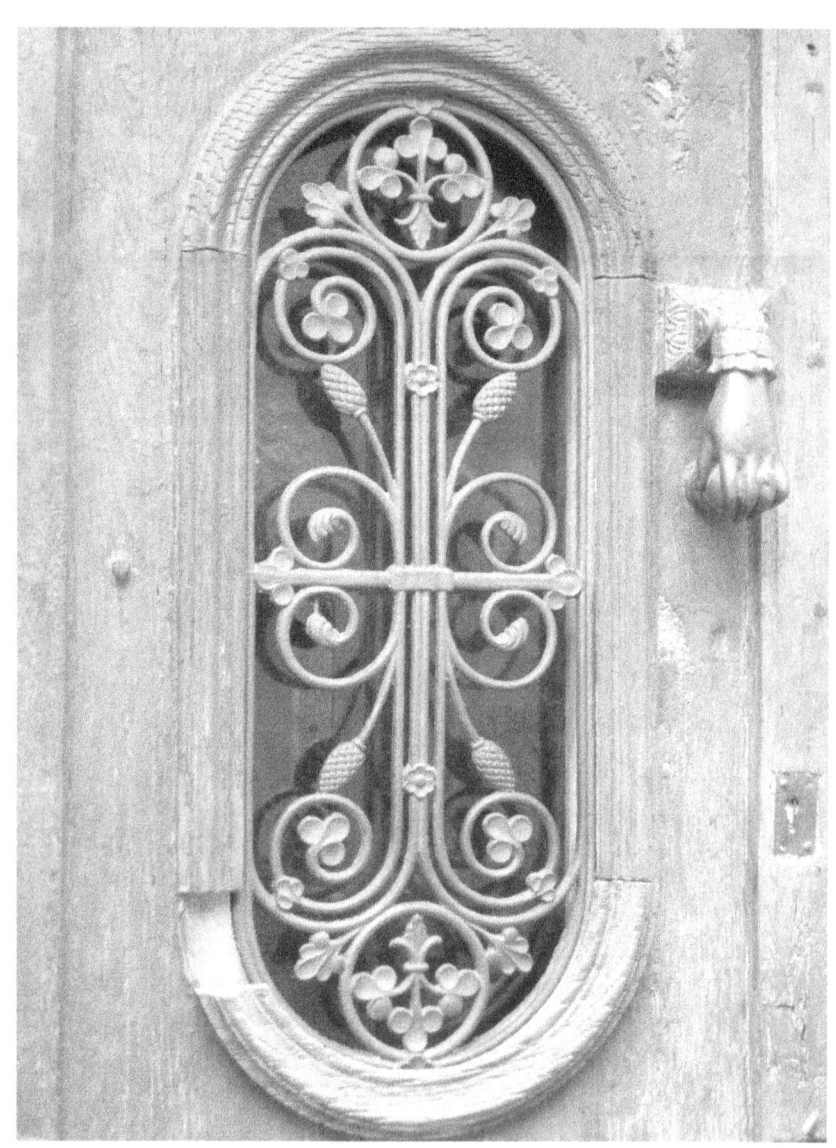

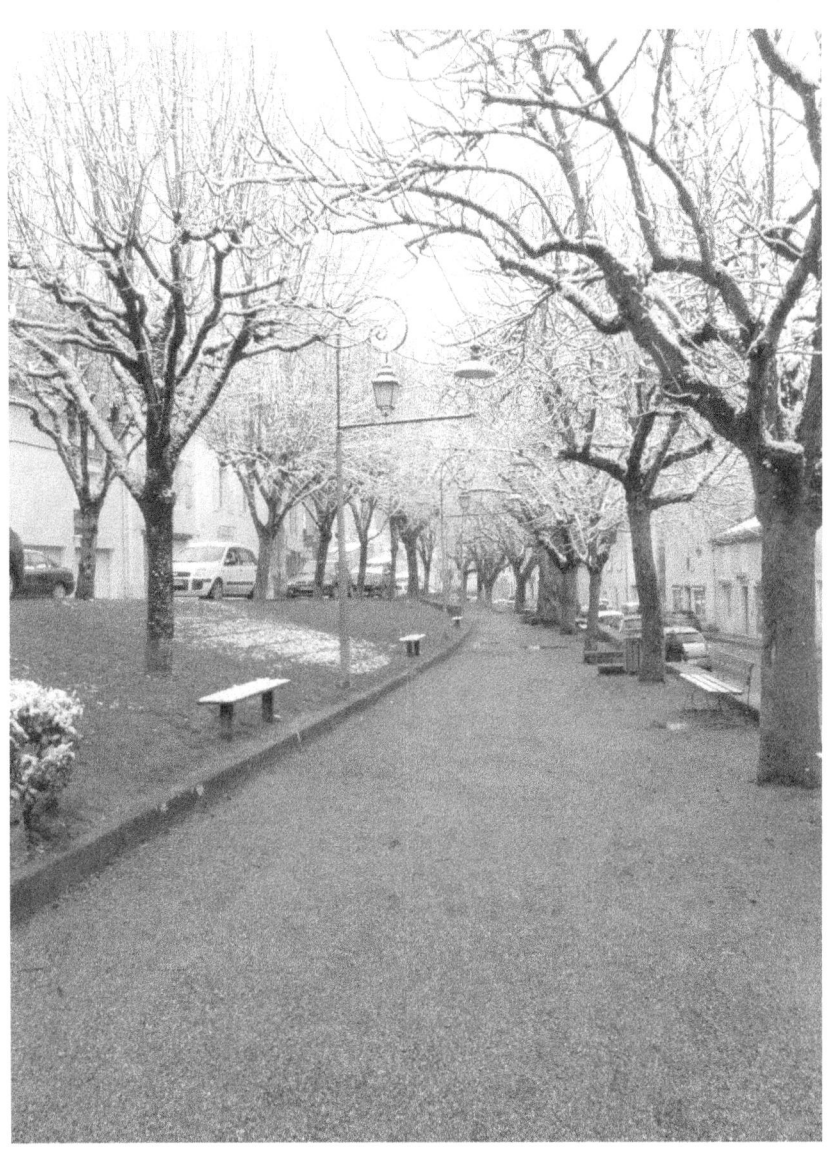

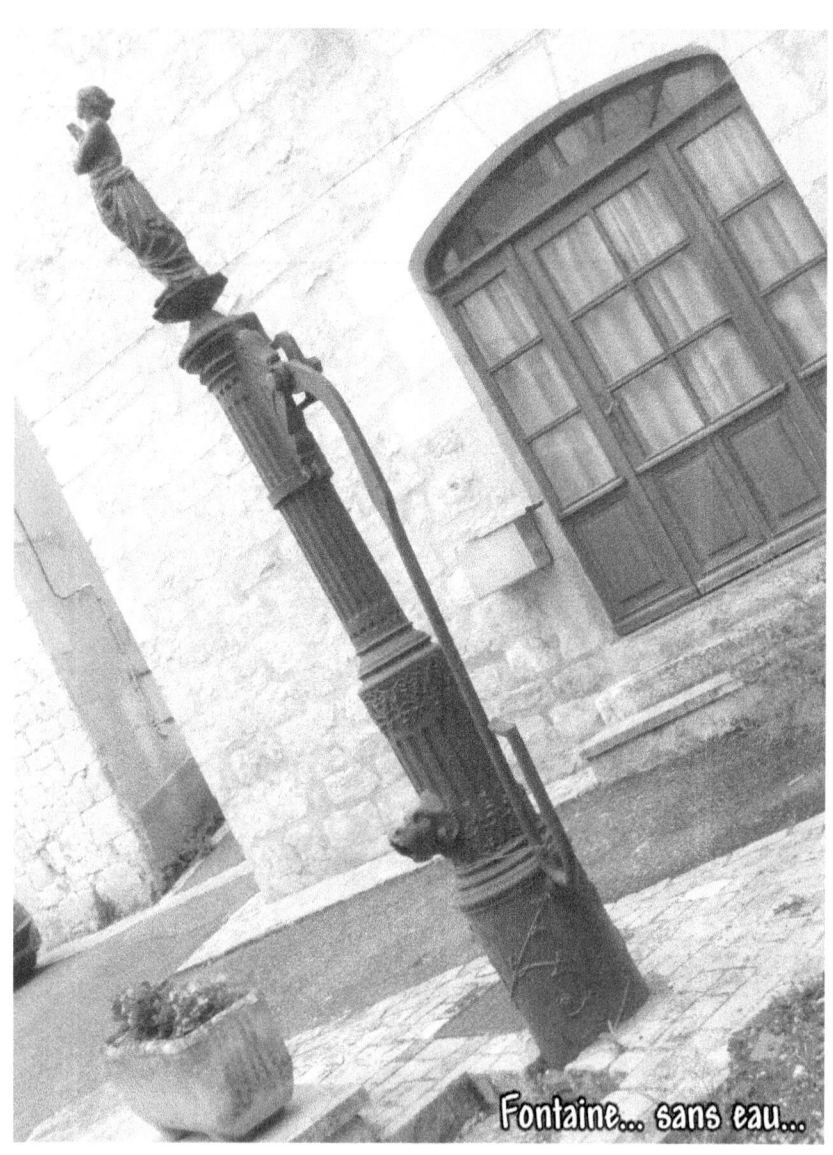

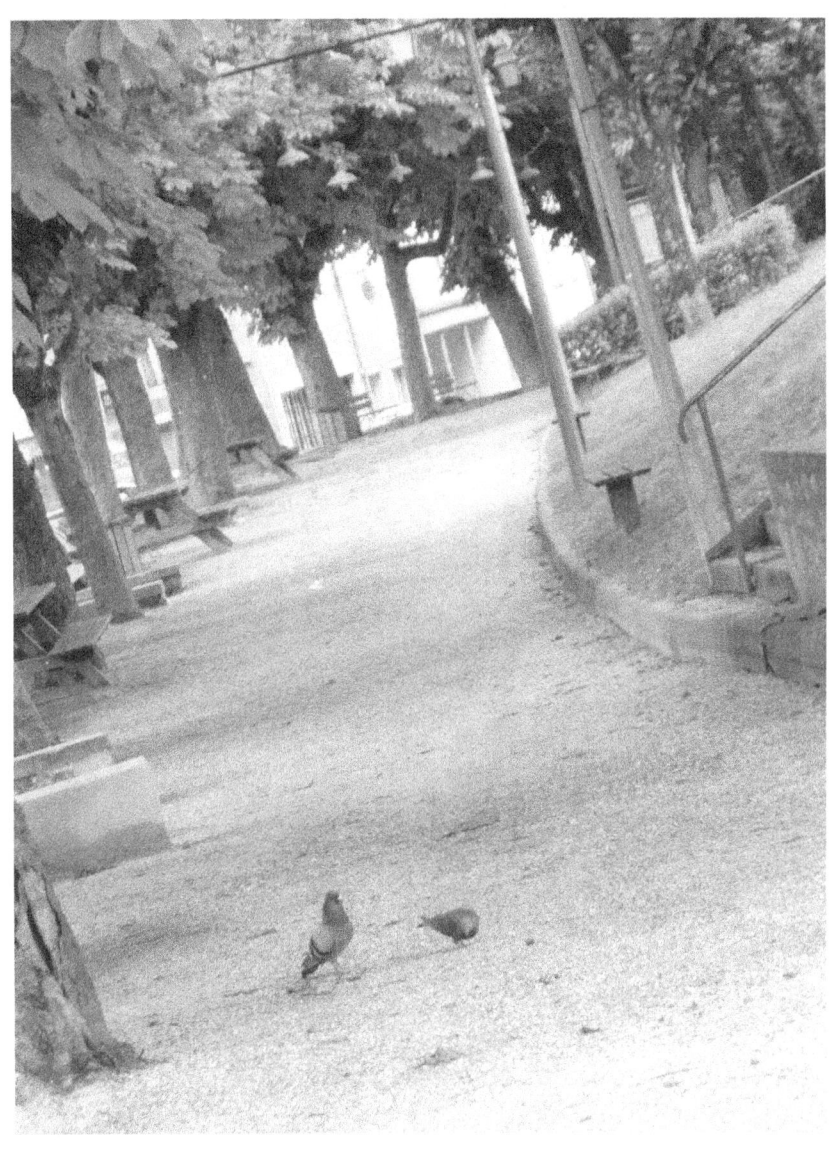

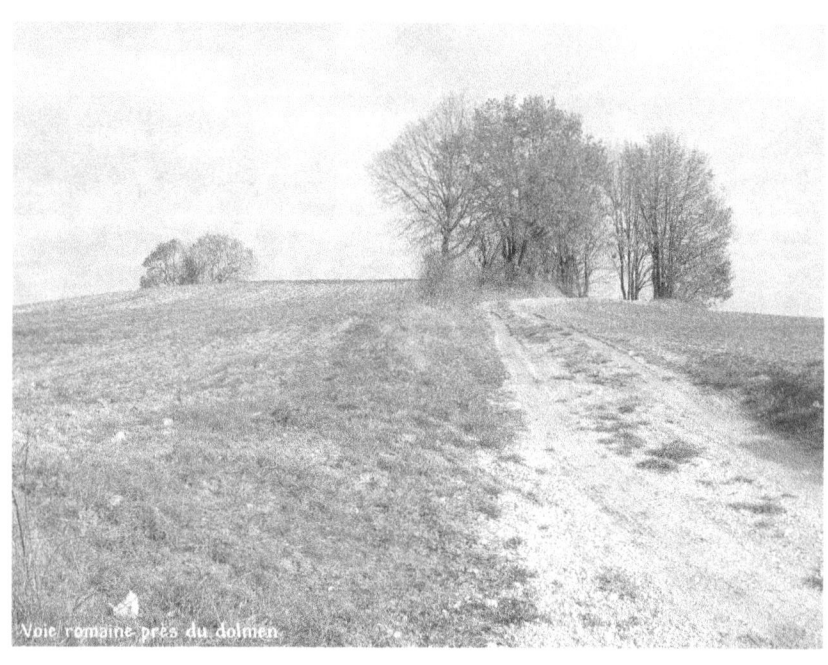
Voie romaine près du dolmen

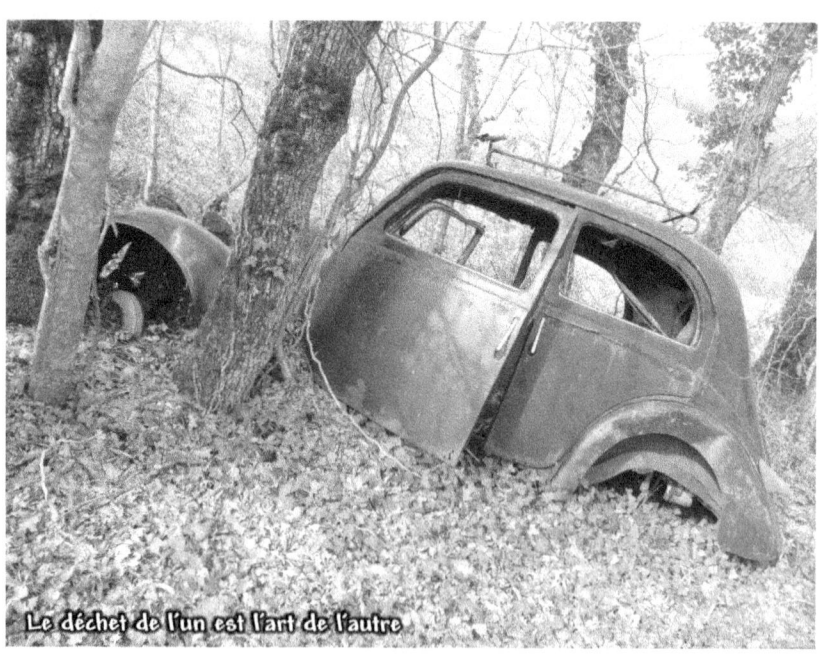
Le déchet de l'un est l'art de l'autre

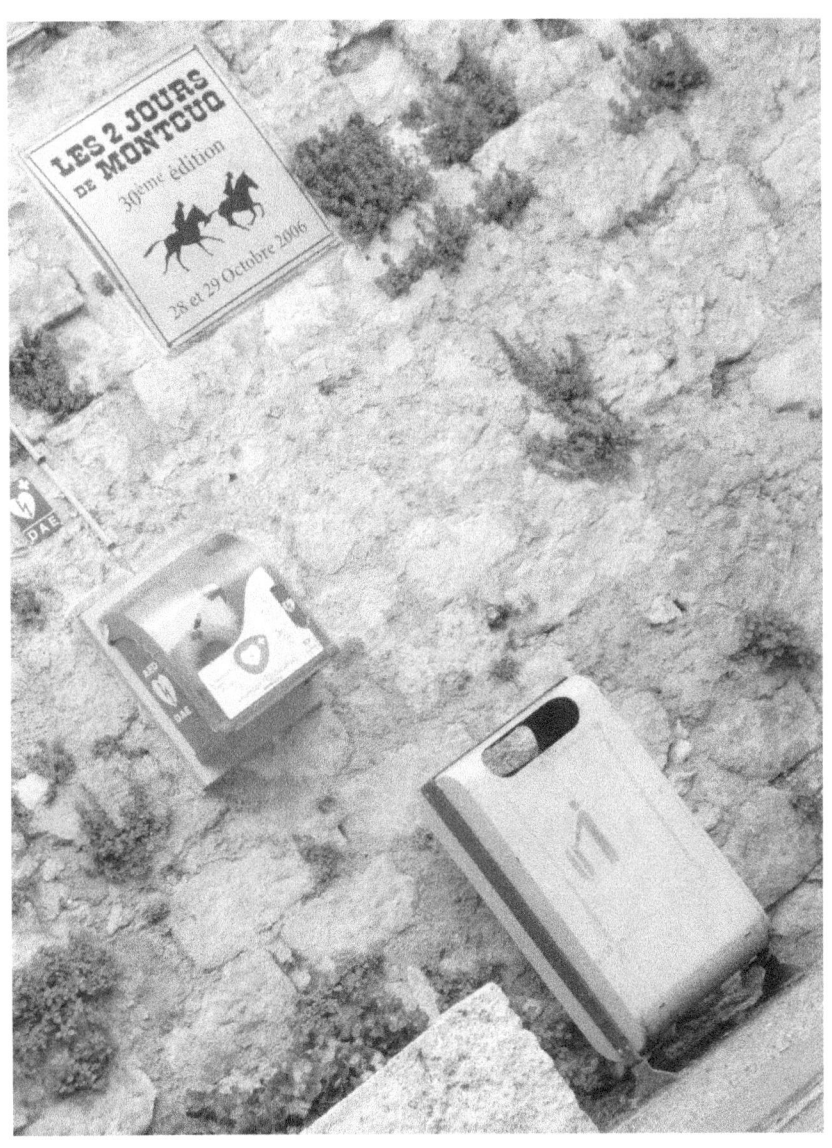

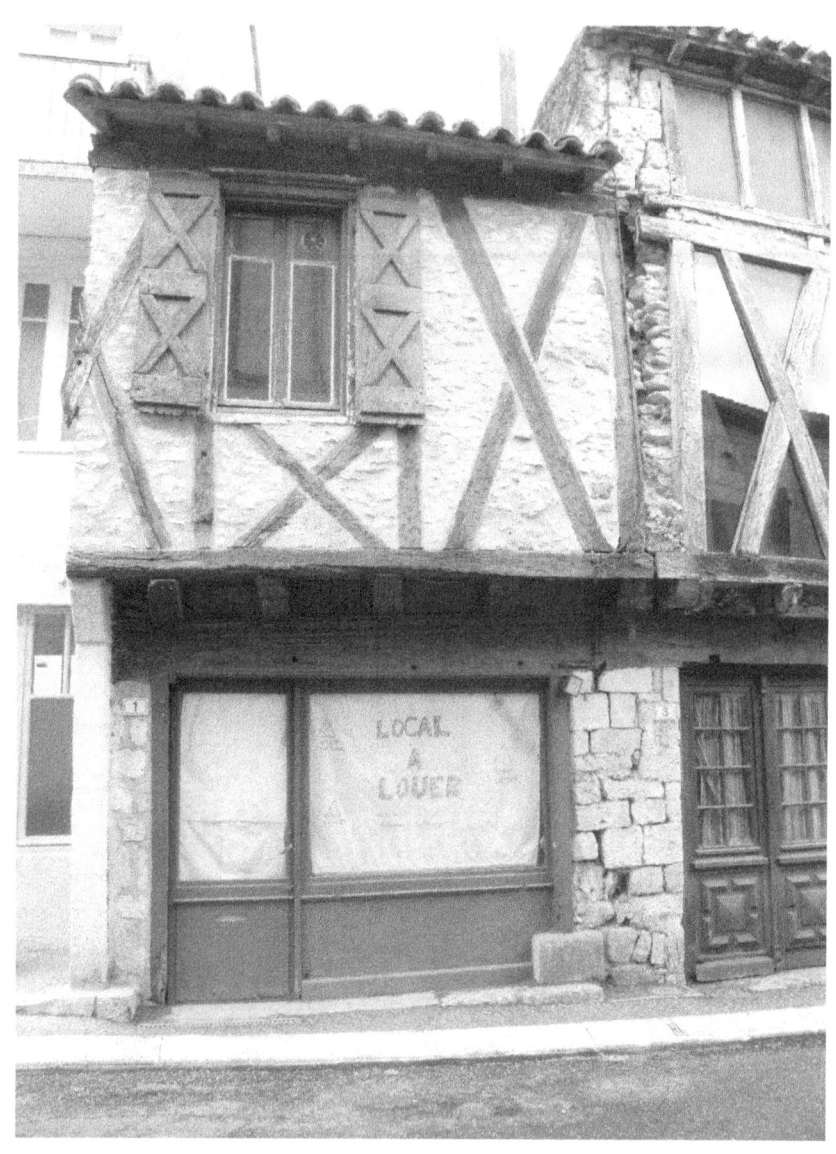

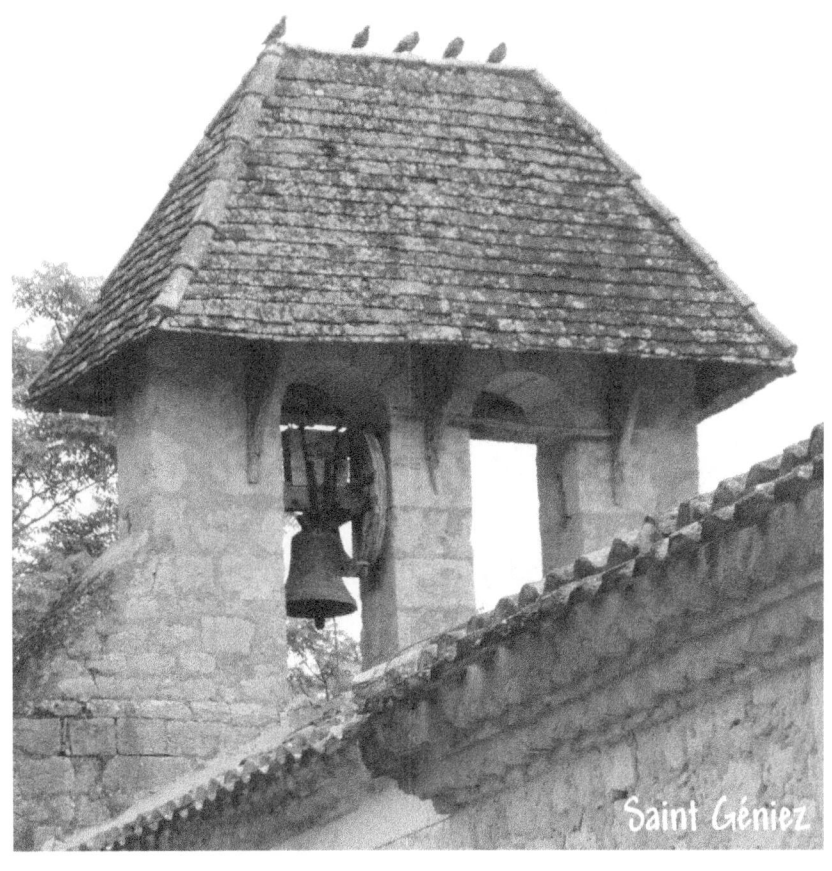

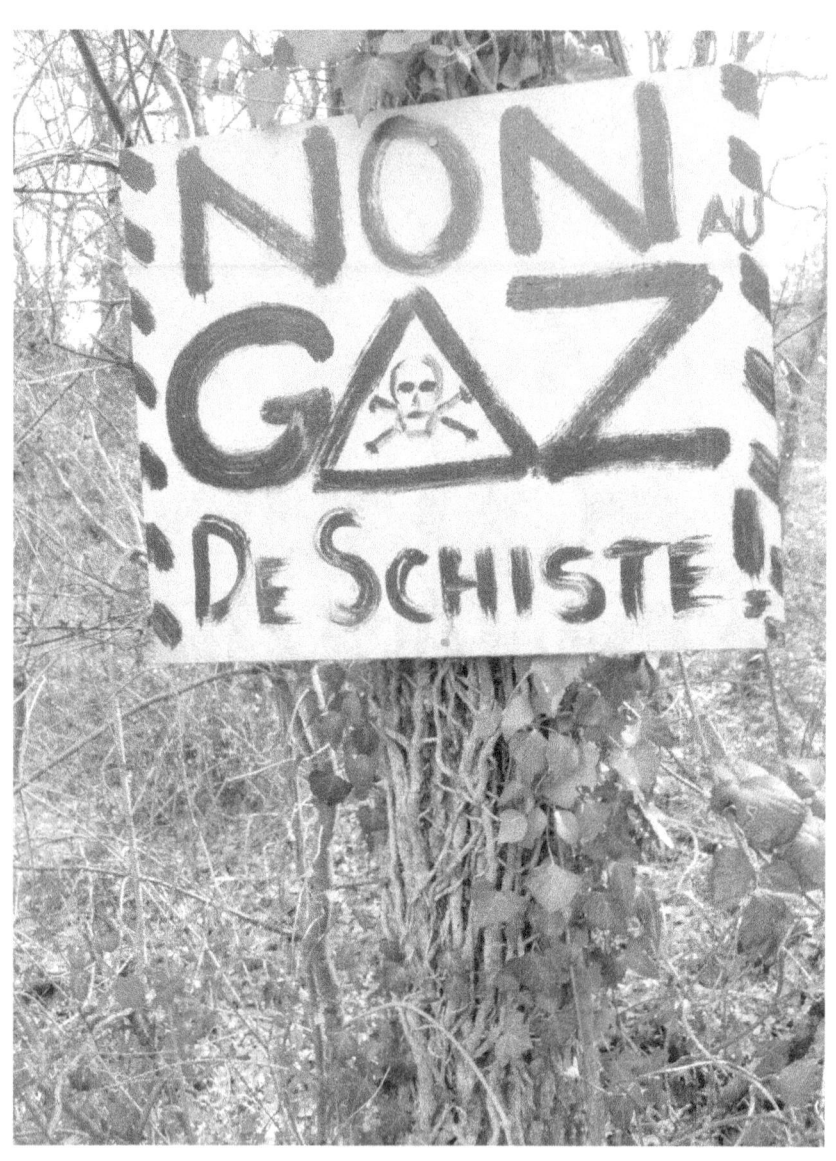

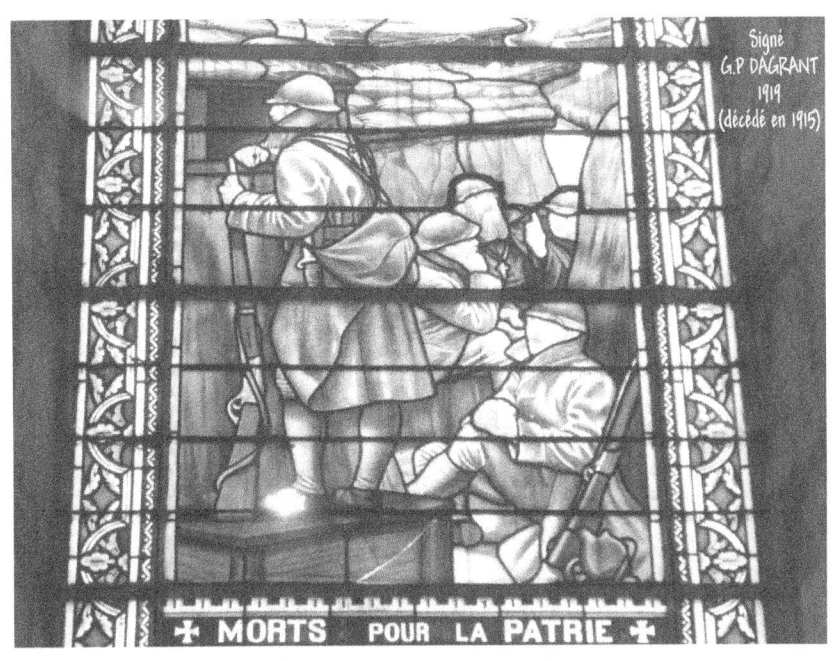

Signé G.P DAGRANT 1919 (décédé en 1915)

MORTS POUR LA PATRIE

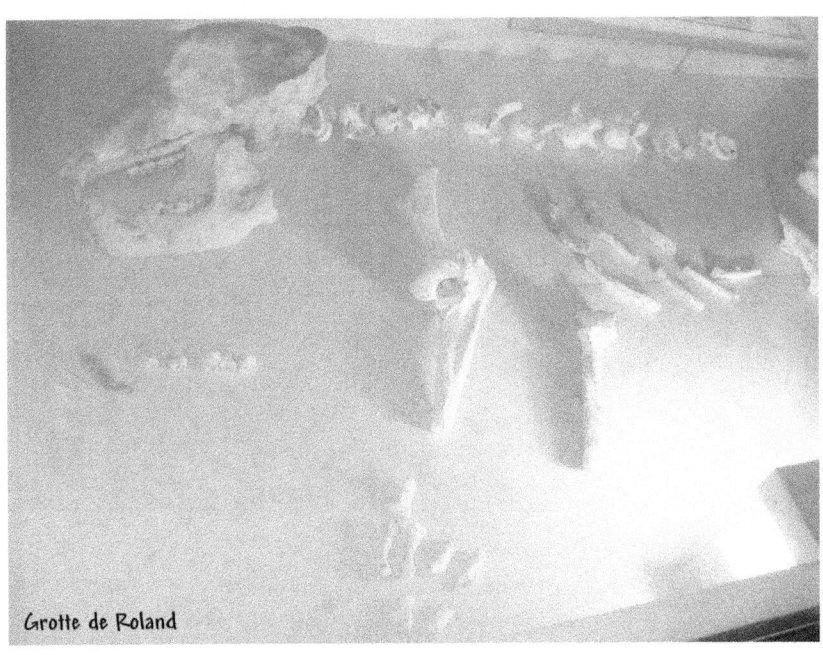

Grotte de Roland

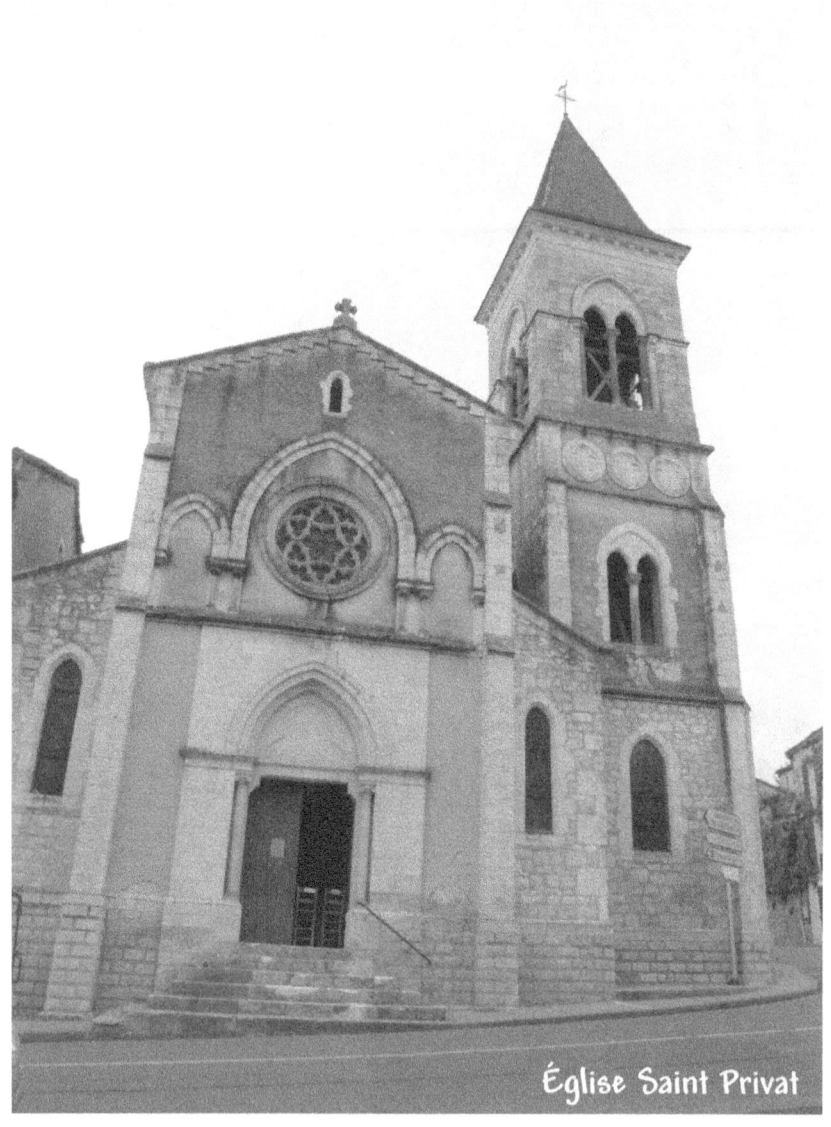

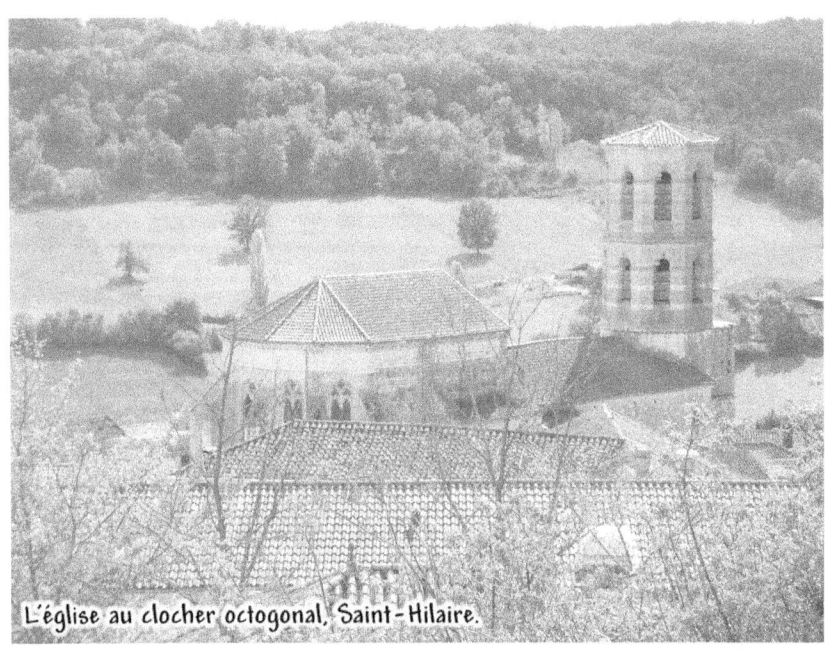
L'église au clocher octogonal, Saint-Hilaire.

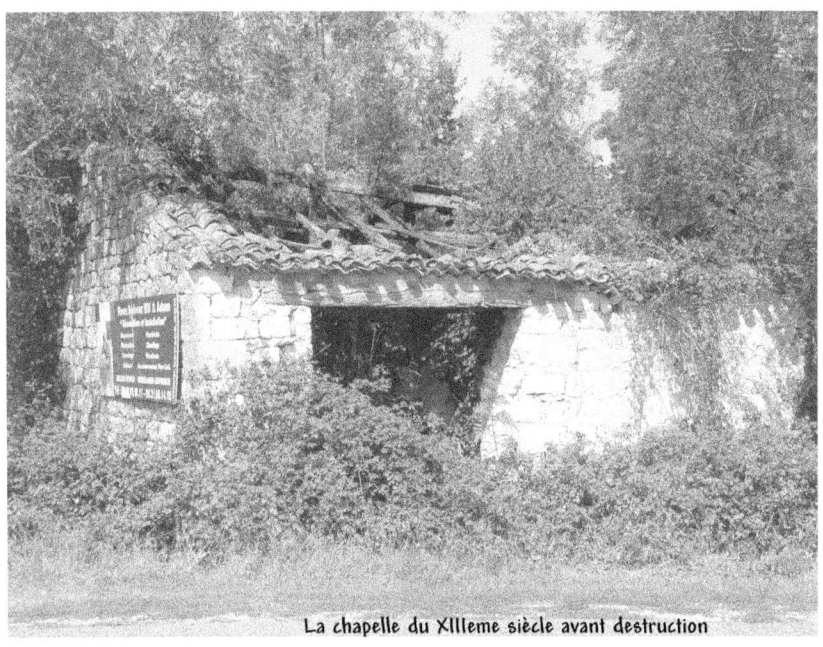
La chapelle du XIIIeme siècle avant destruction

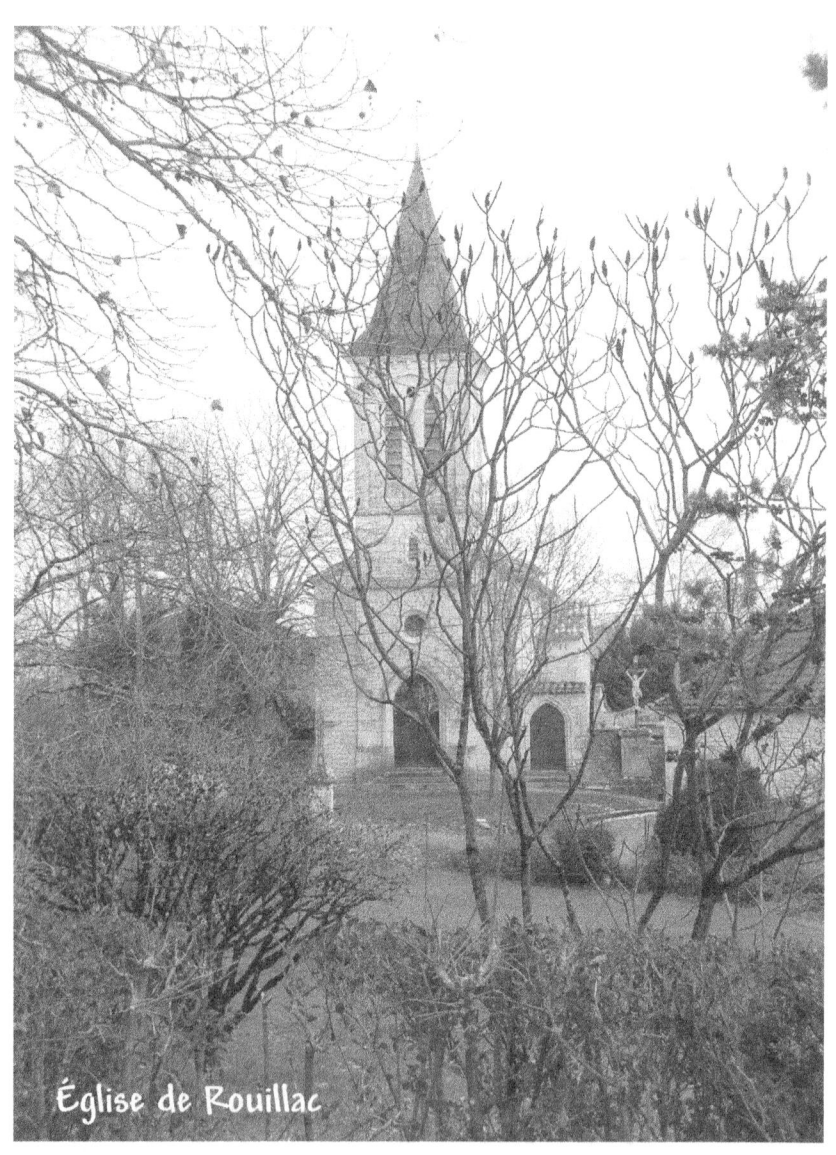
Église de Rouillac

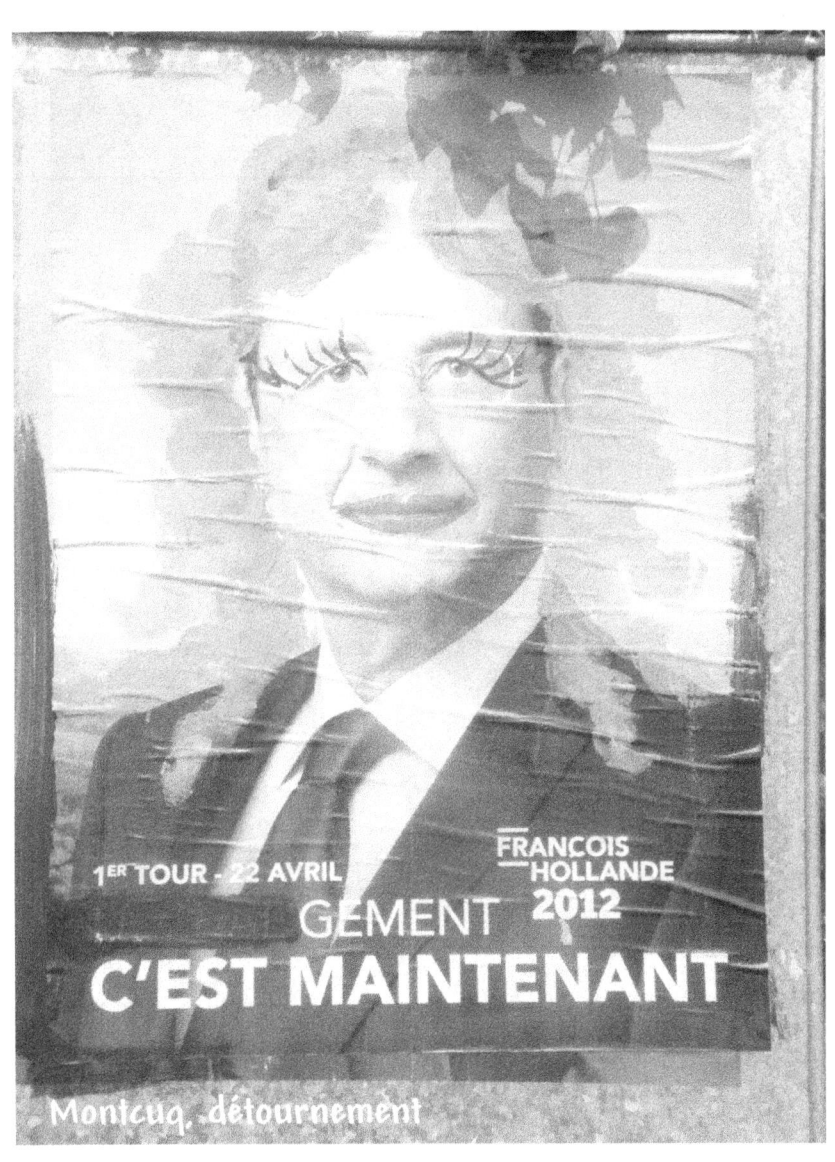

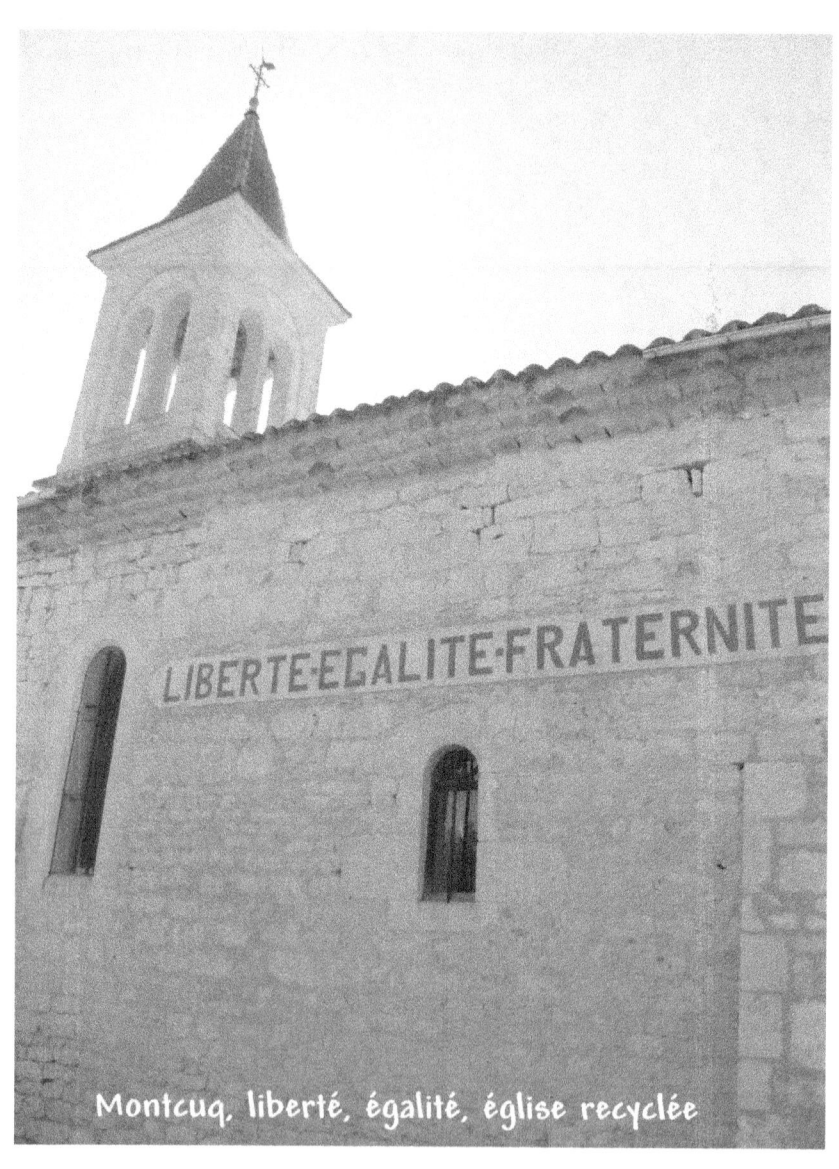
Montcuq, liberté, égalité, église recyclée

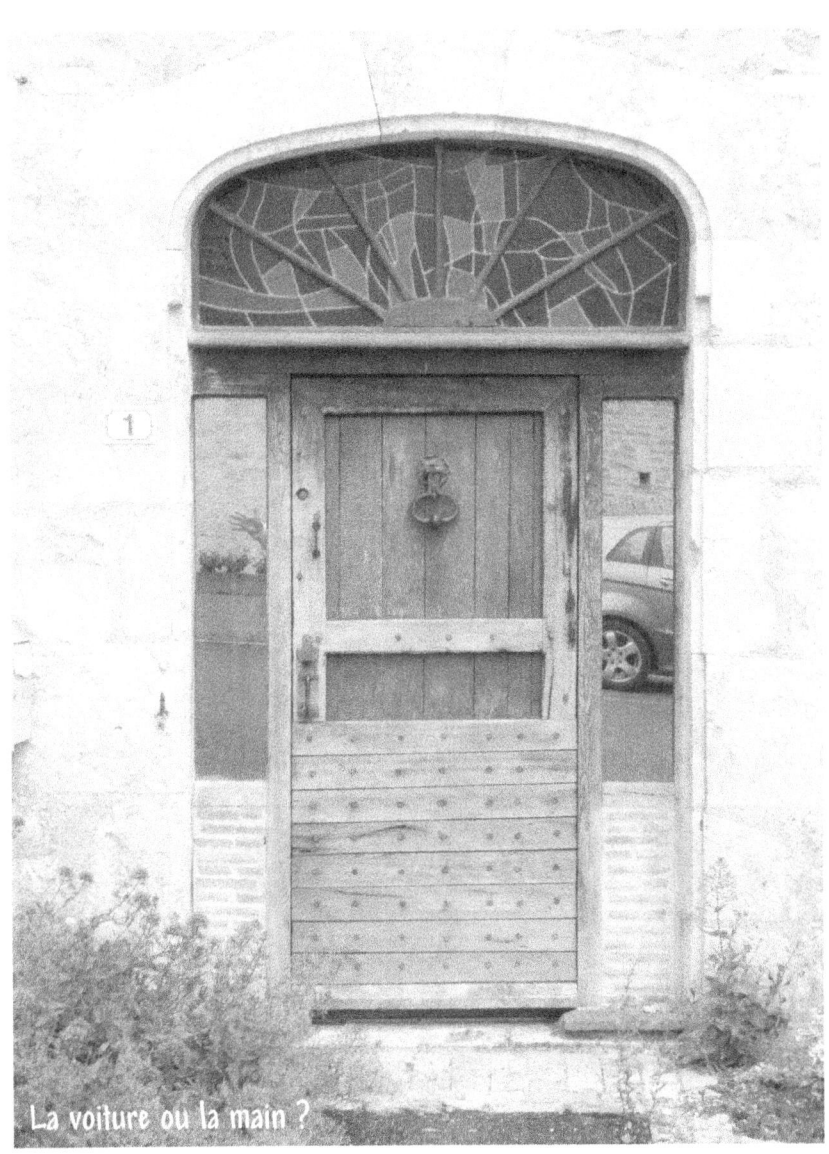

La voiture ou la main ?

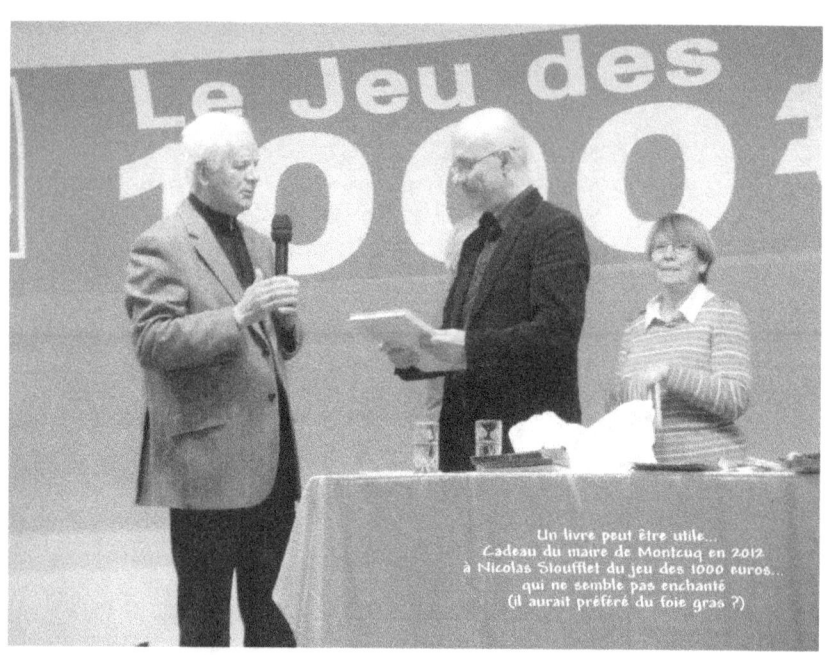

Un livre peut être utile...
Cadeau du maire de Montcuq en 2012
à Nicolas Stoufflet du jeu des 1000 euros...
qui ne semble pas enchanté
(il aurait préféré du foie gras ?)

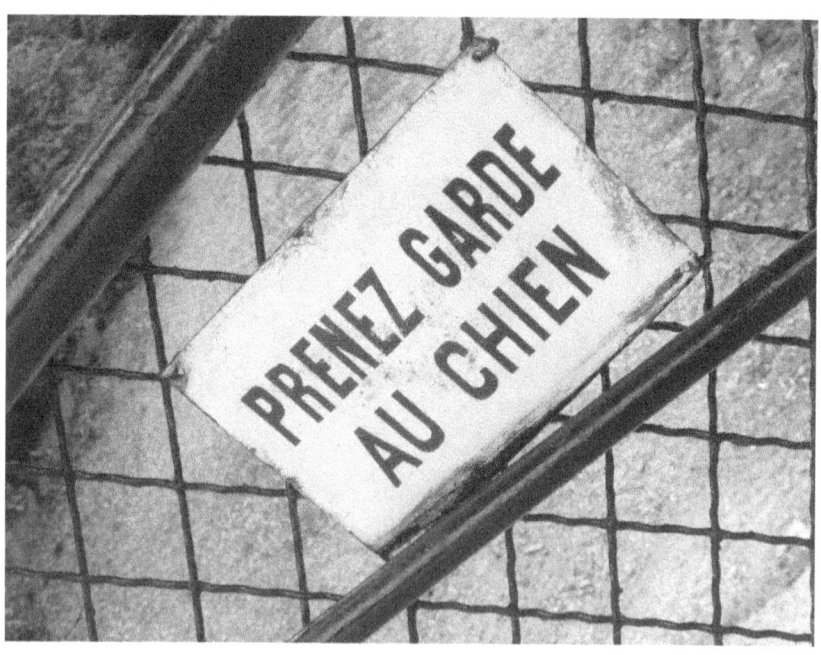

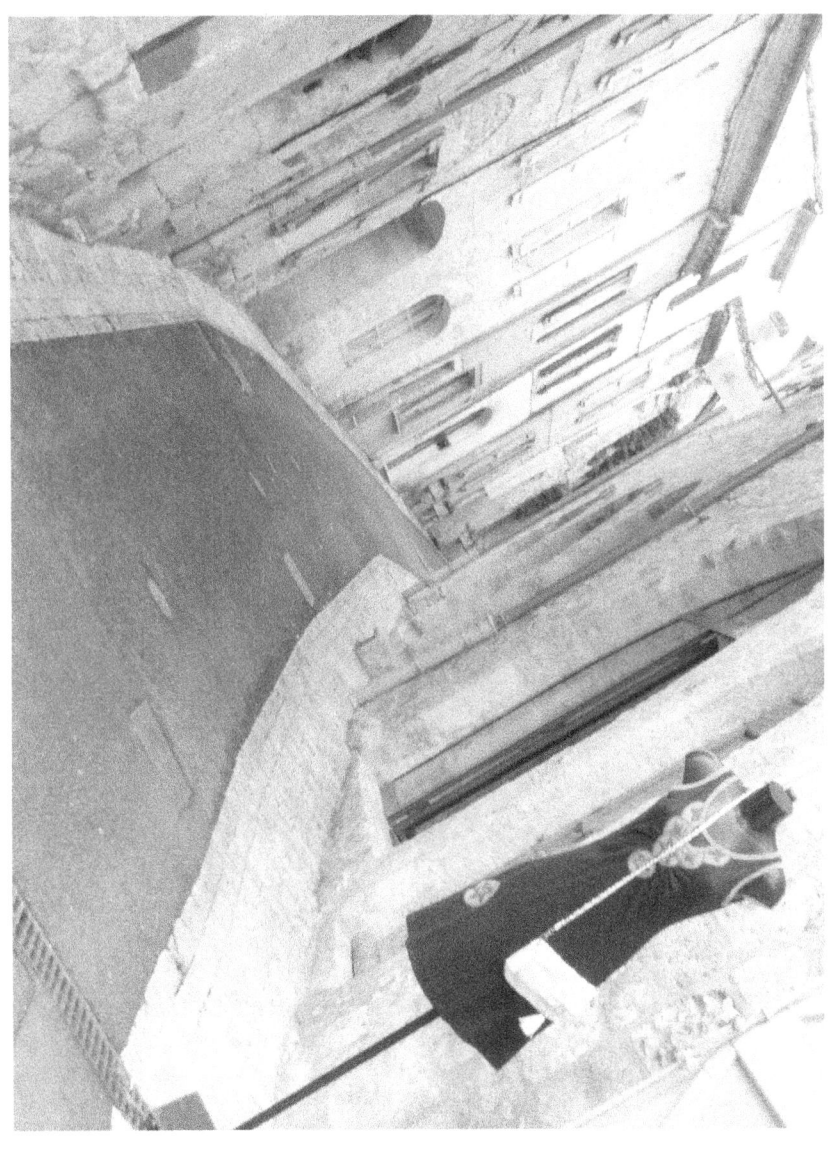

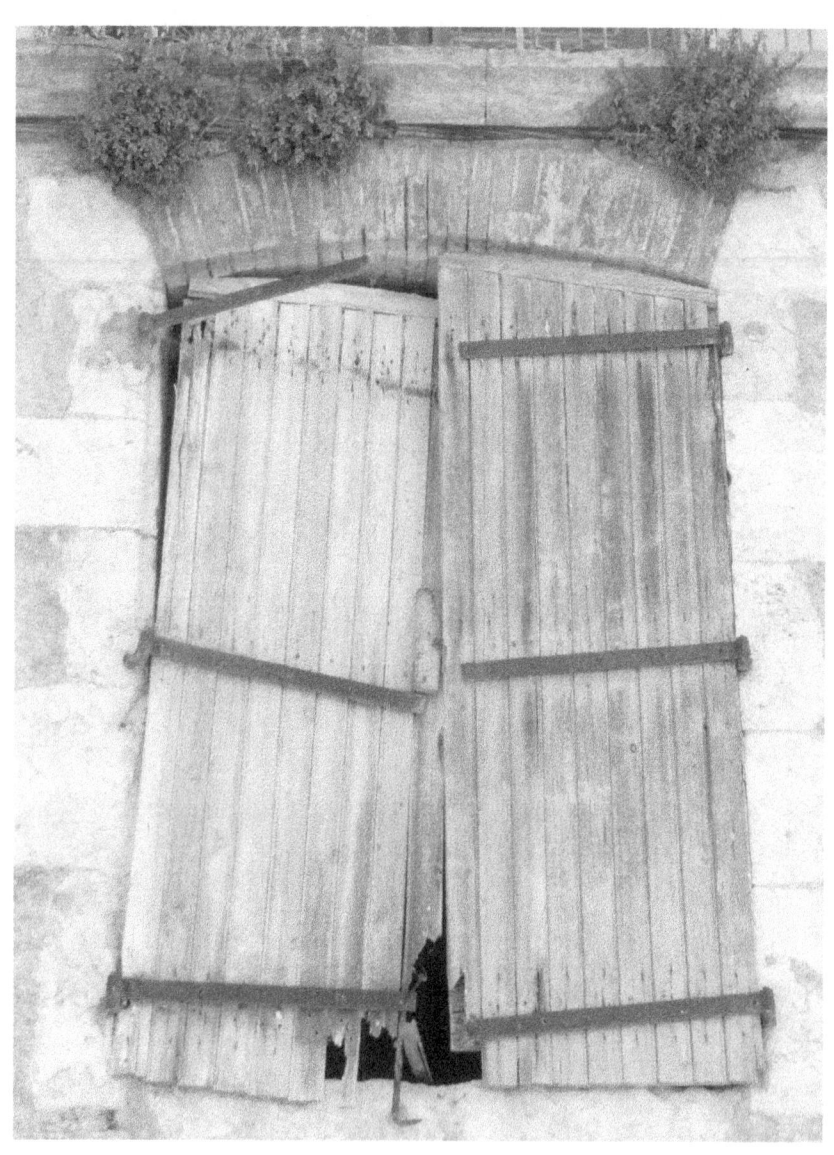

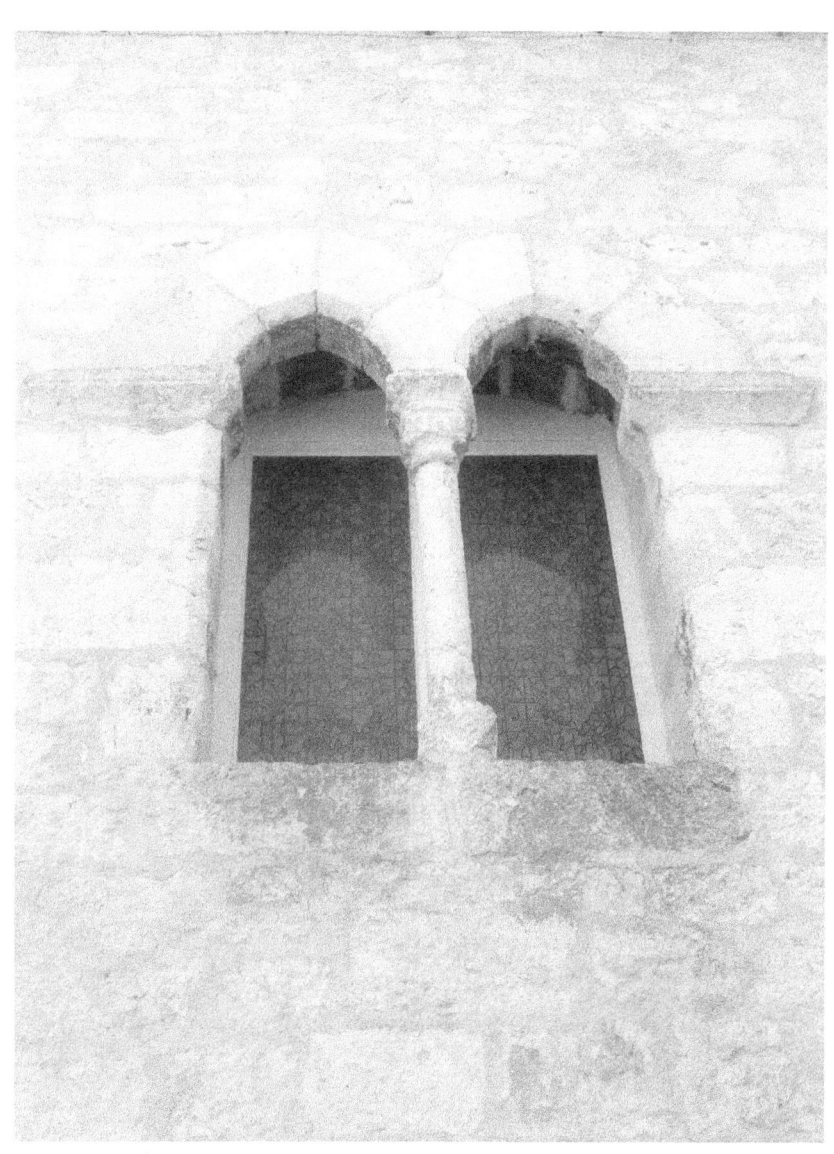

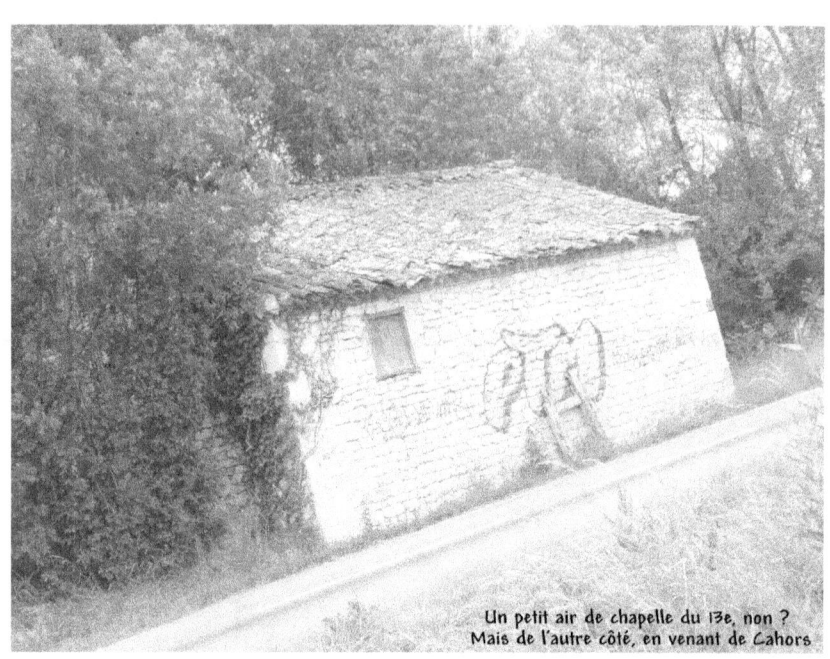

Un petit air de chapelle du 13e, non ?
Mais de l'autre côté, en venant de Cahors

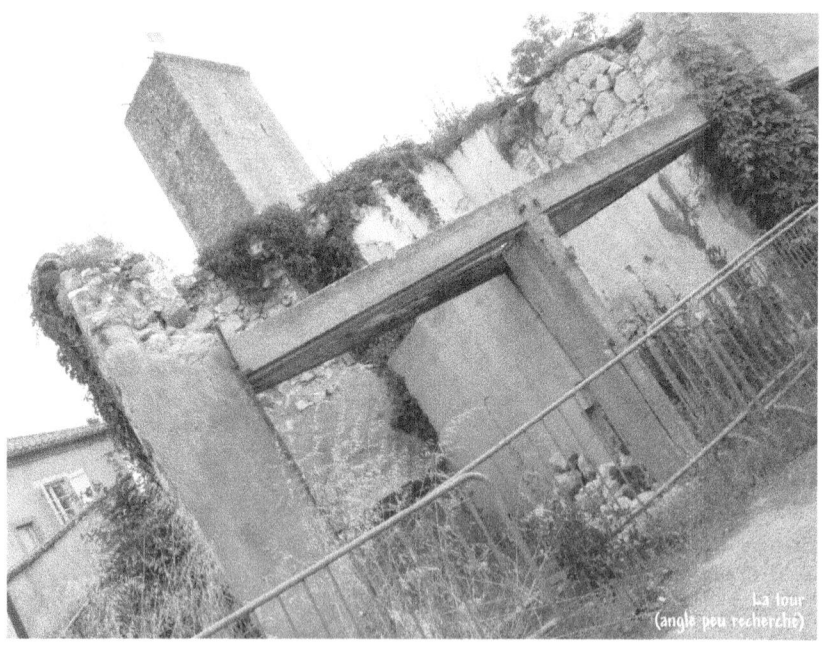

La tour
(angle peu recherché)

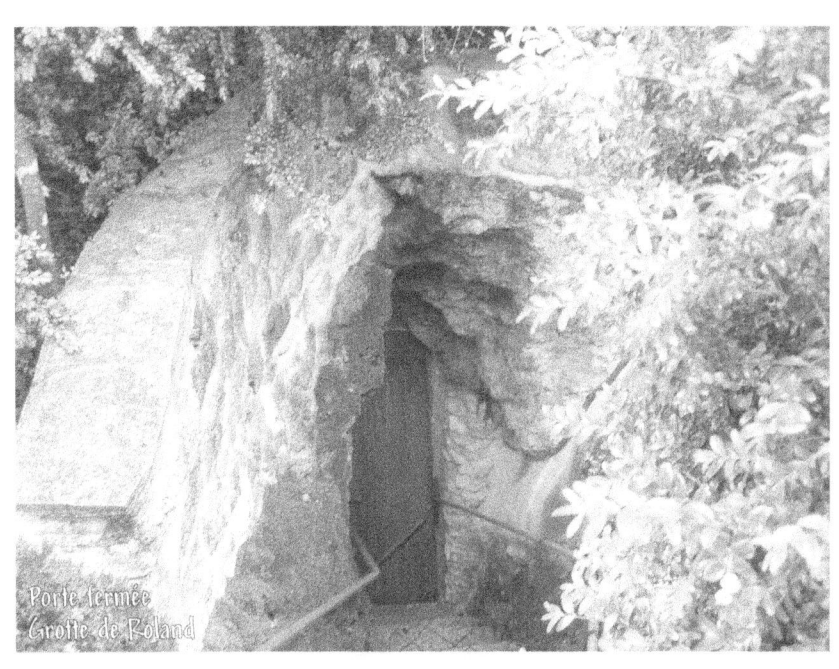

Porte fermée
Grotte de Roland

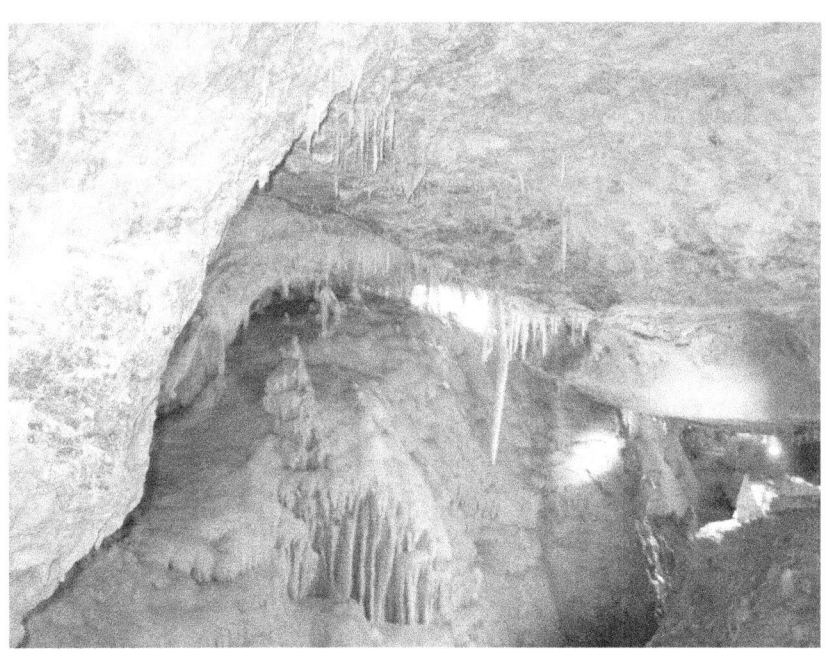

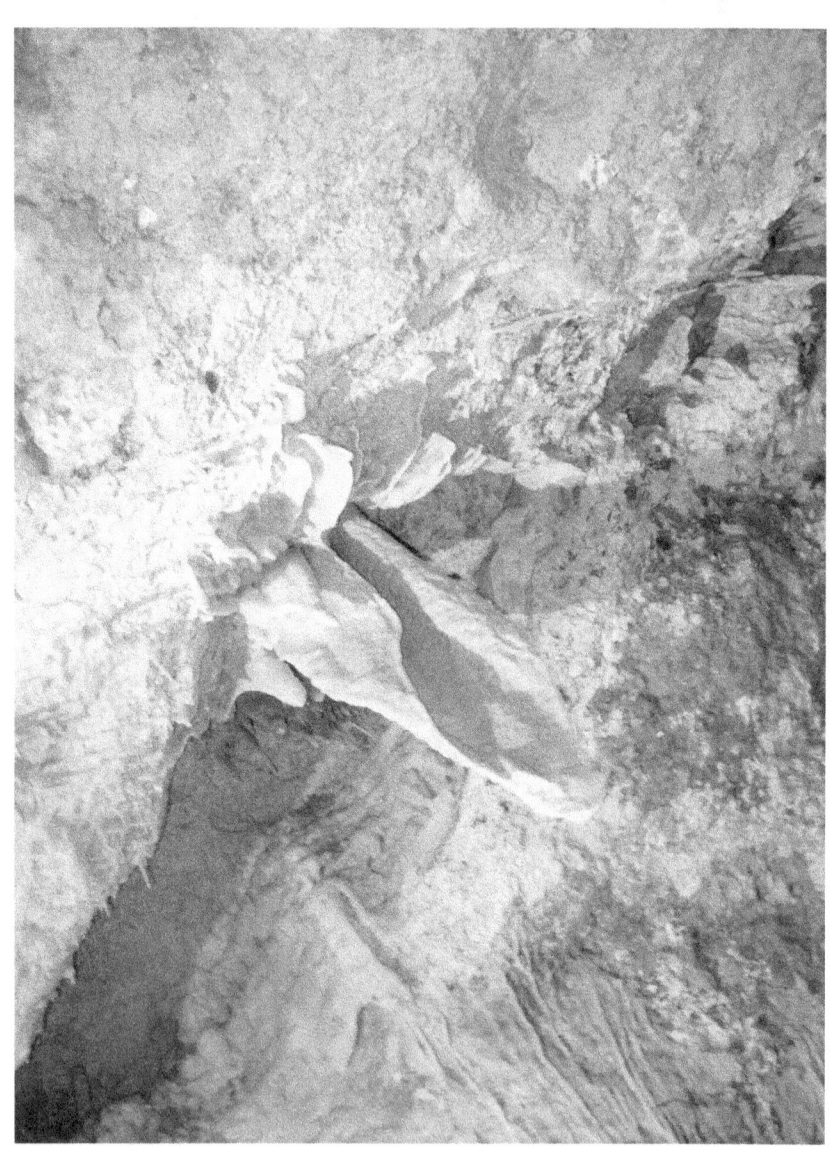

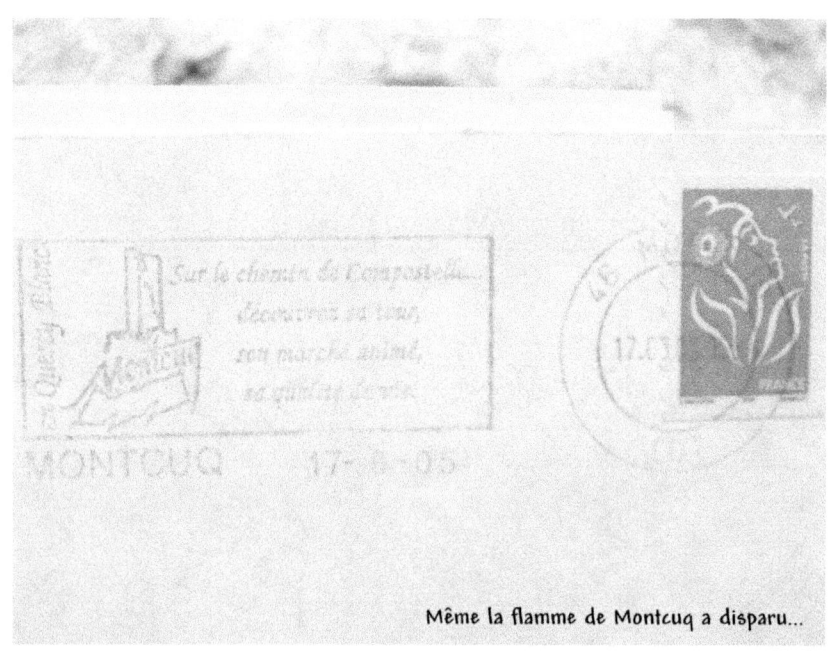

Même la flamme de Montcuq a disparu...

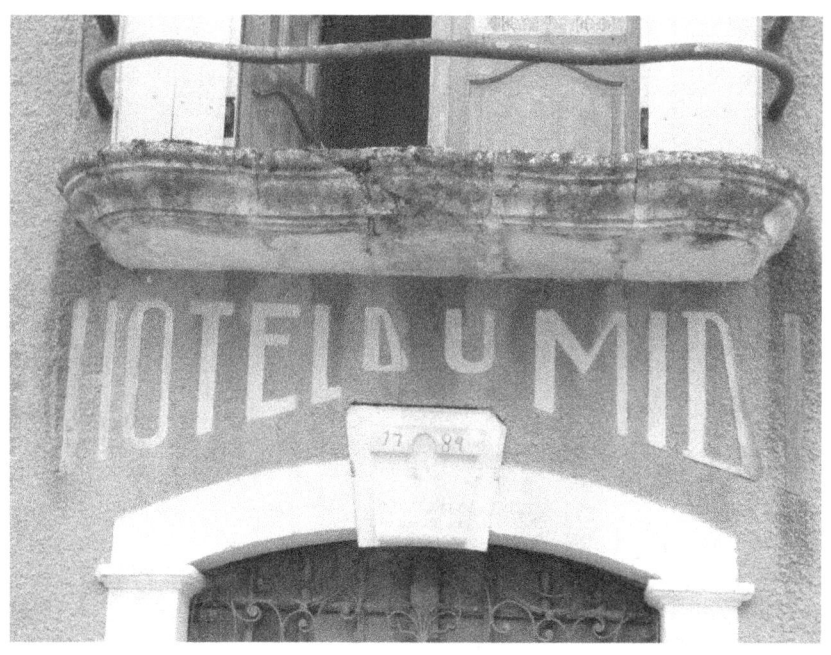

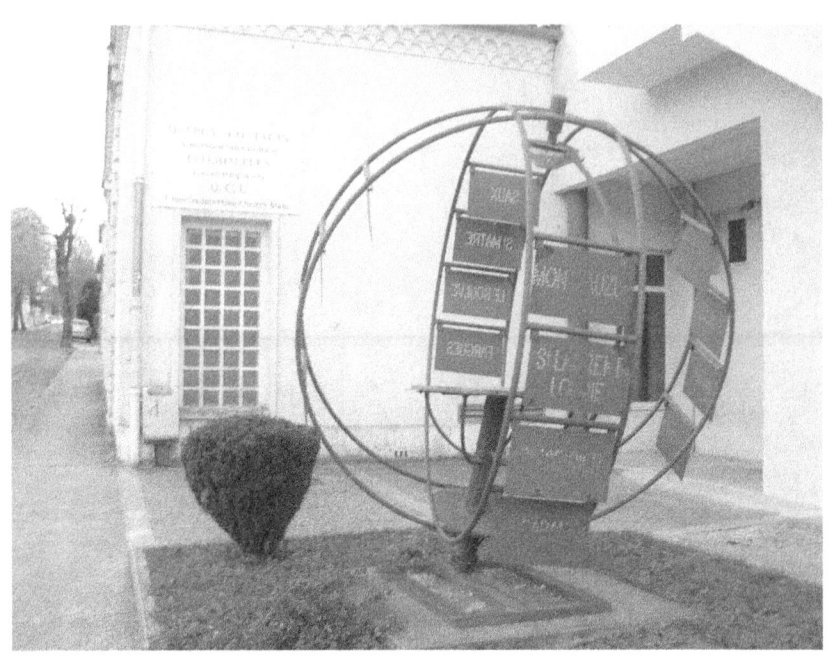

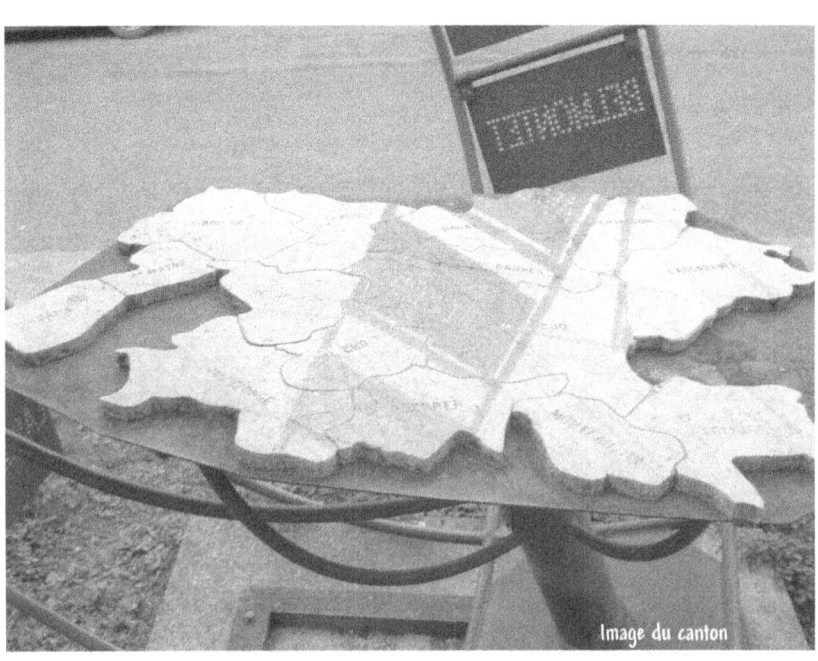

Image du canton

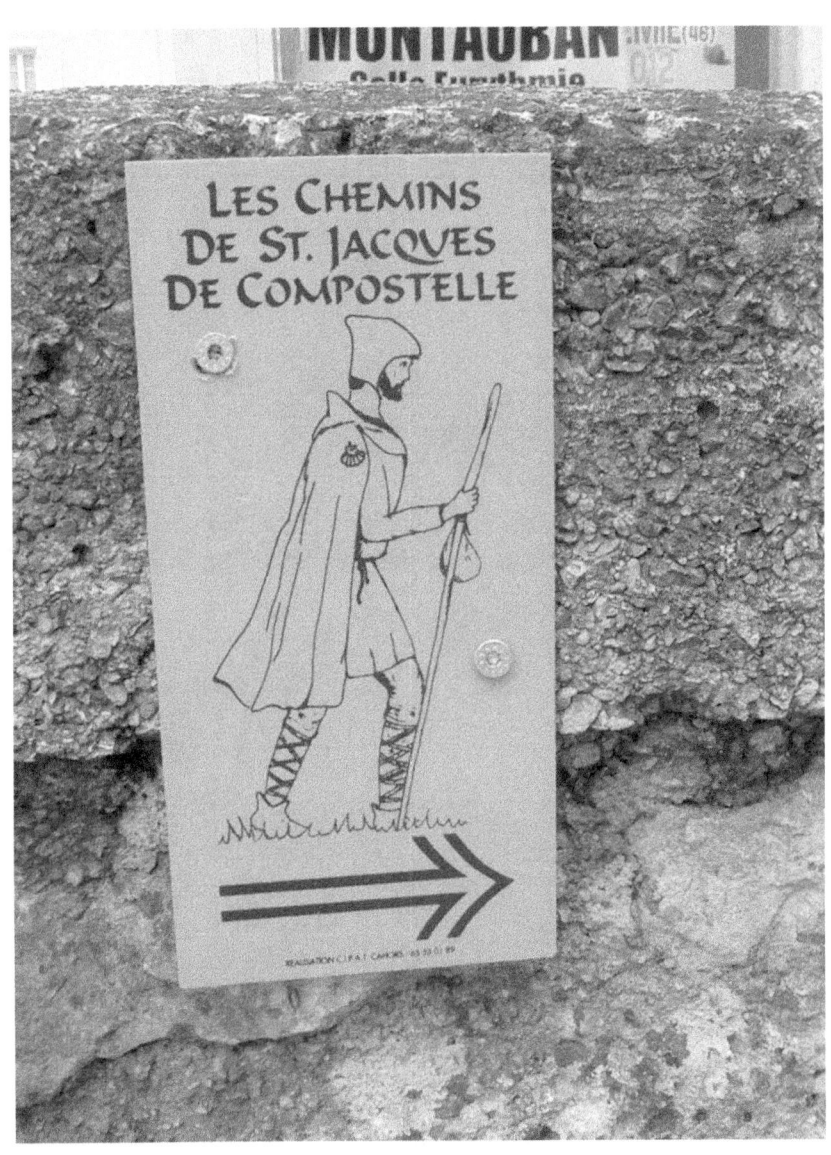

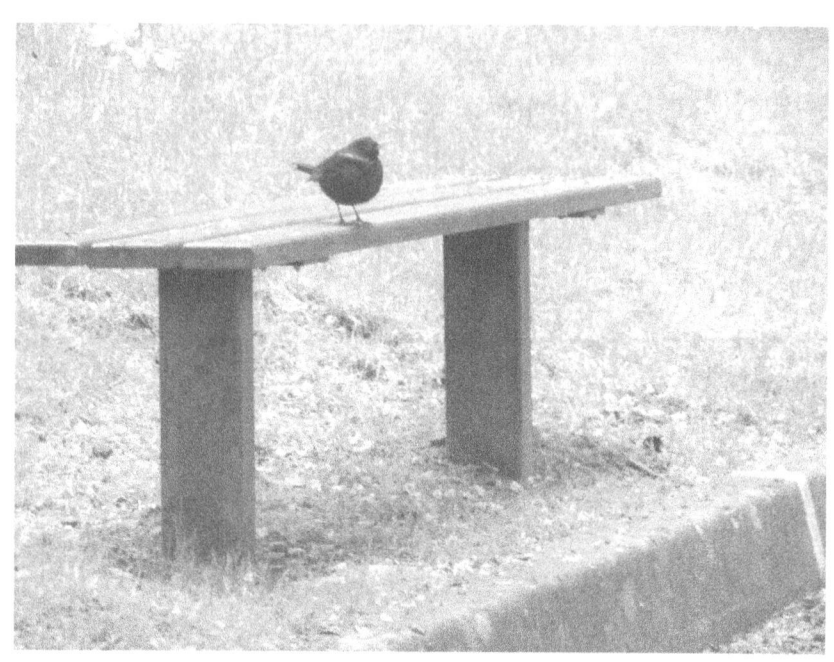

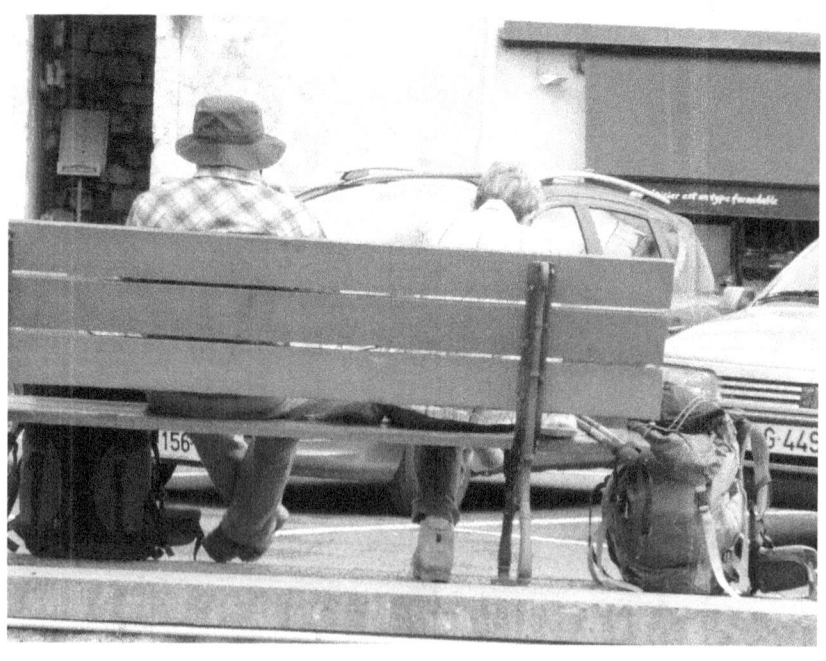

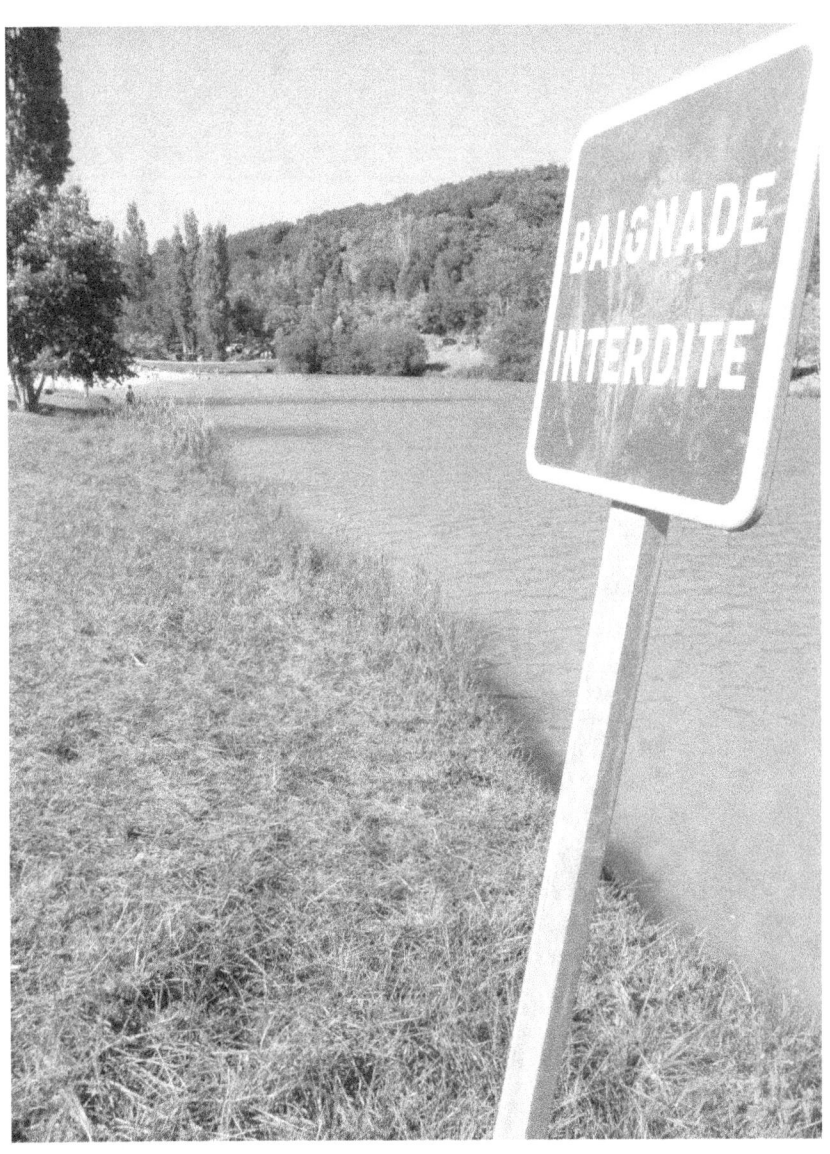

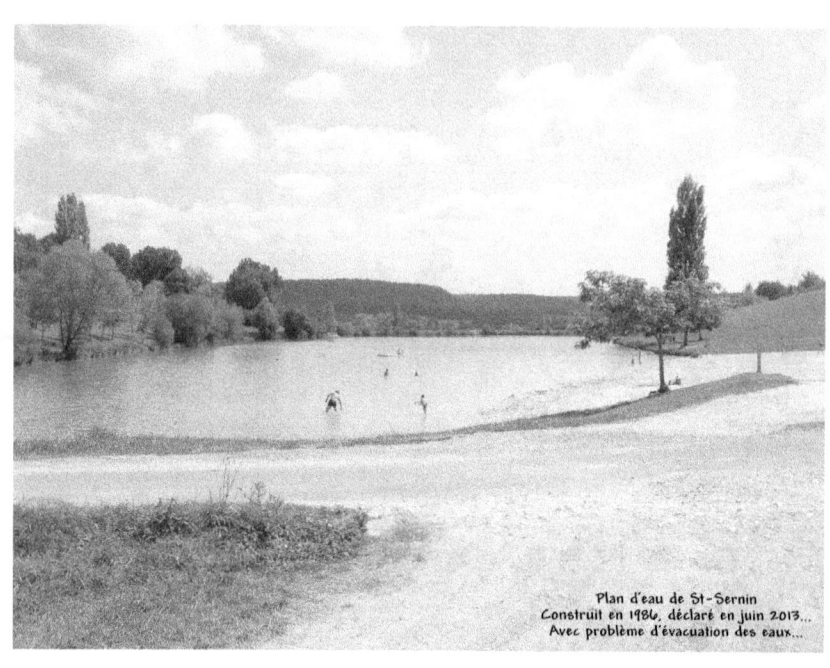

Plan d'eau de St-Sernin
Construit en 1986, déclaré en juin 2013...
Avec problème d'évacuation des eaux...

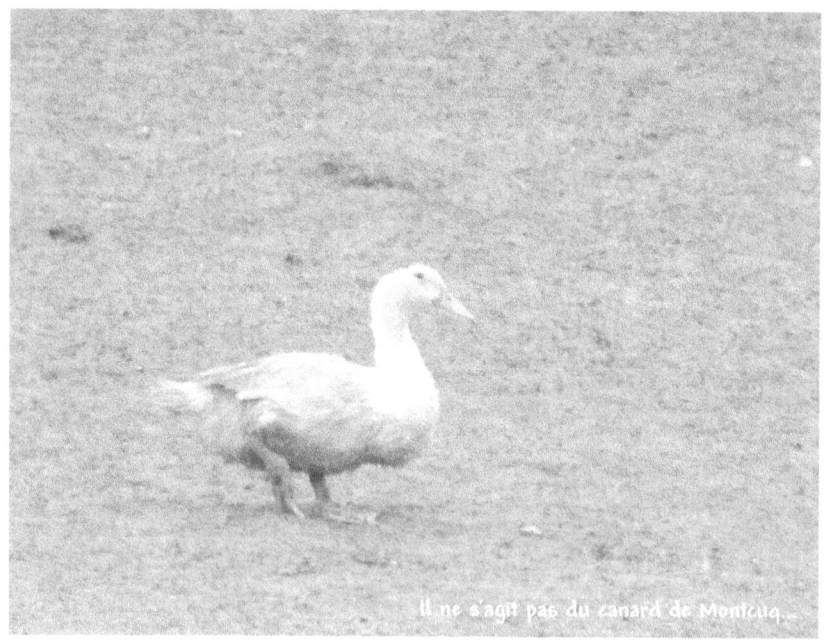

Il ne s'agit pas du canard de Montcuq...

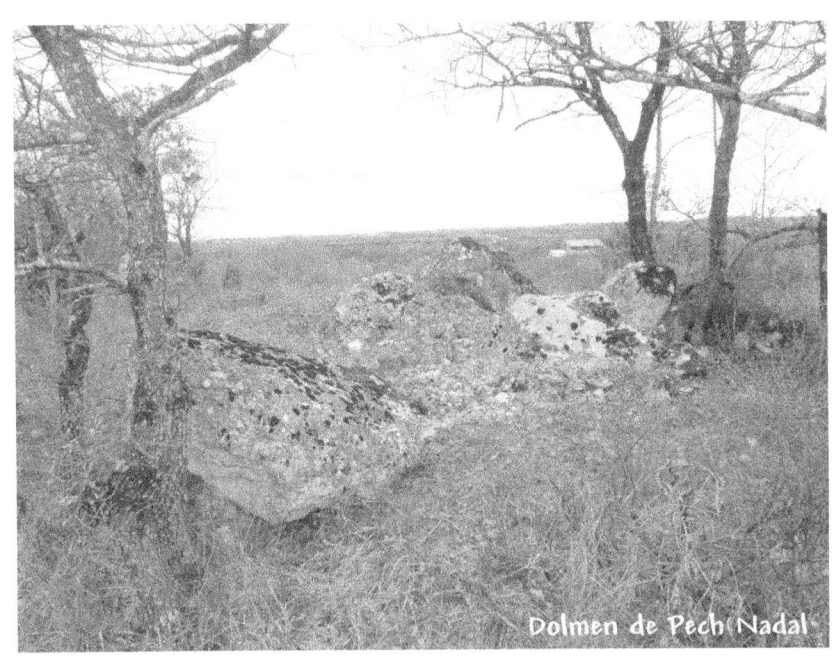

Dolmen de Pech Nadal

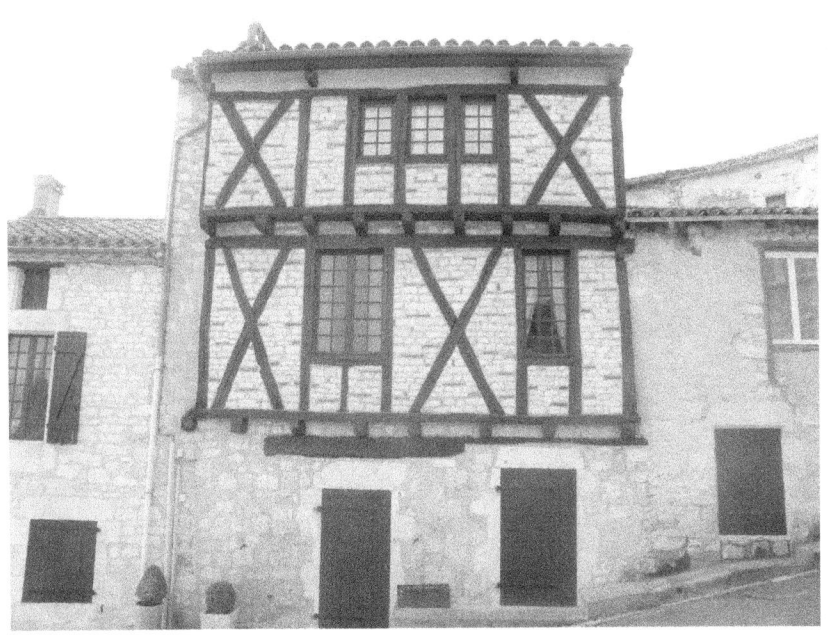

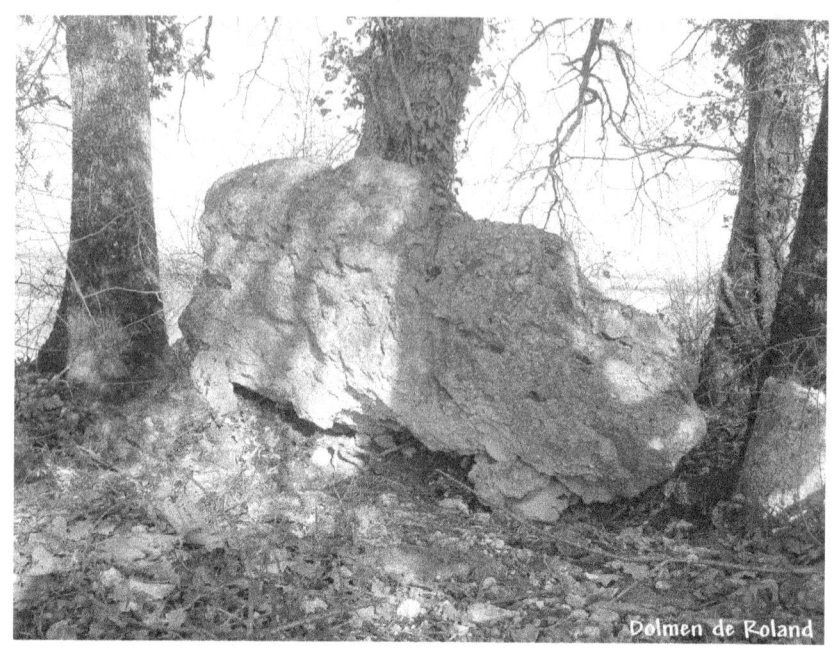
Dolmen de Roland

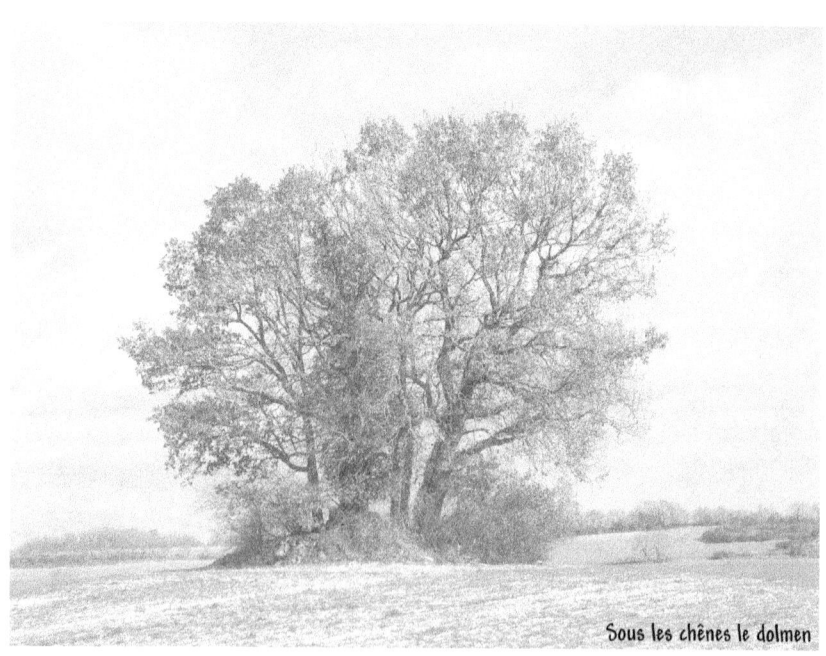
Sous les chênes le dolmen

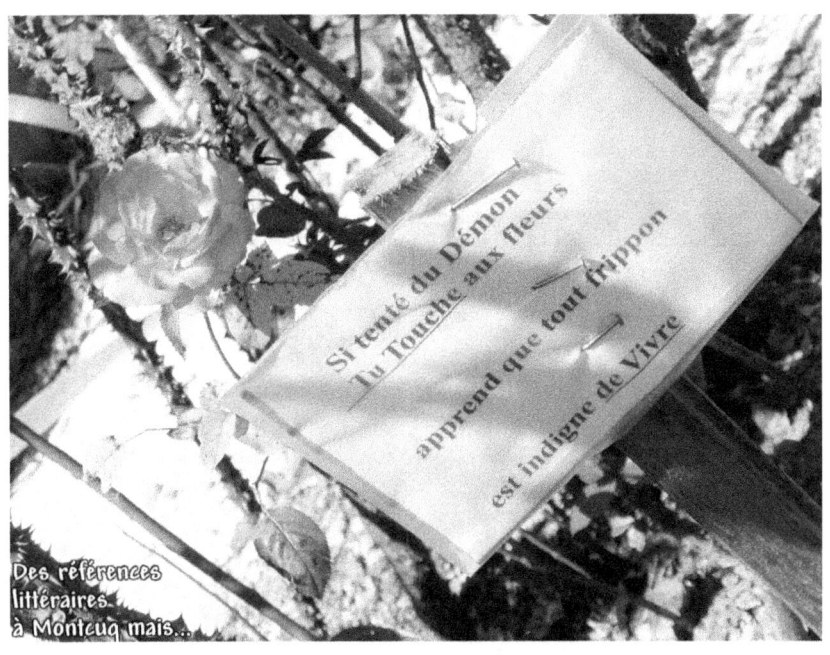

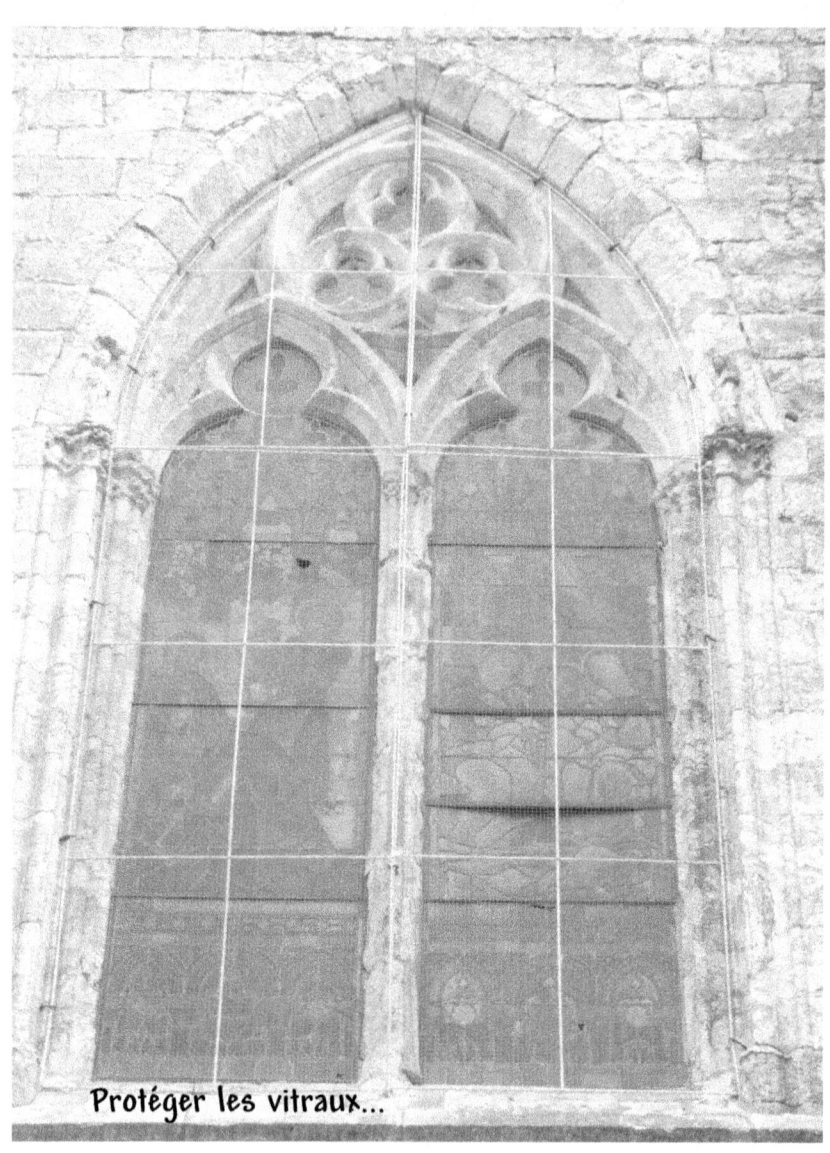
Protéger les vitraux...

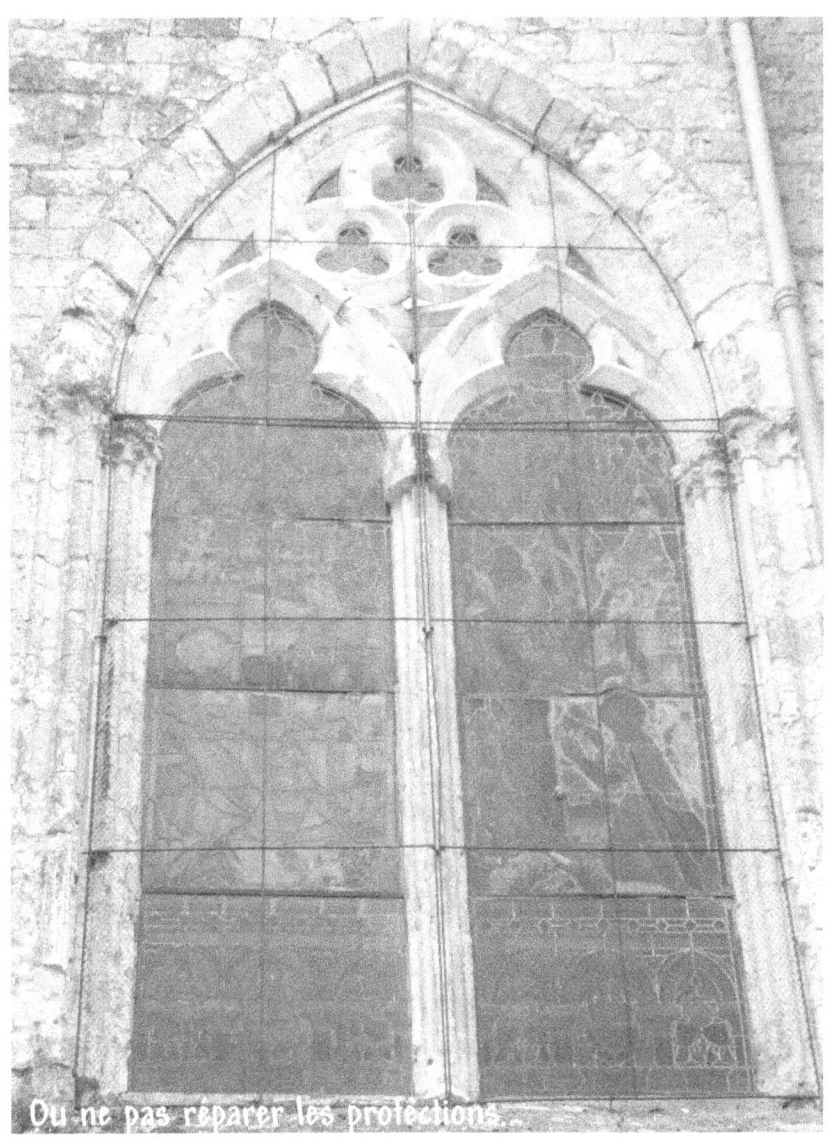

Ou ne pas réparer les protections...

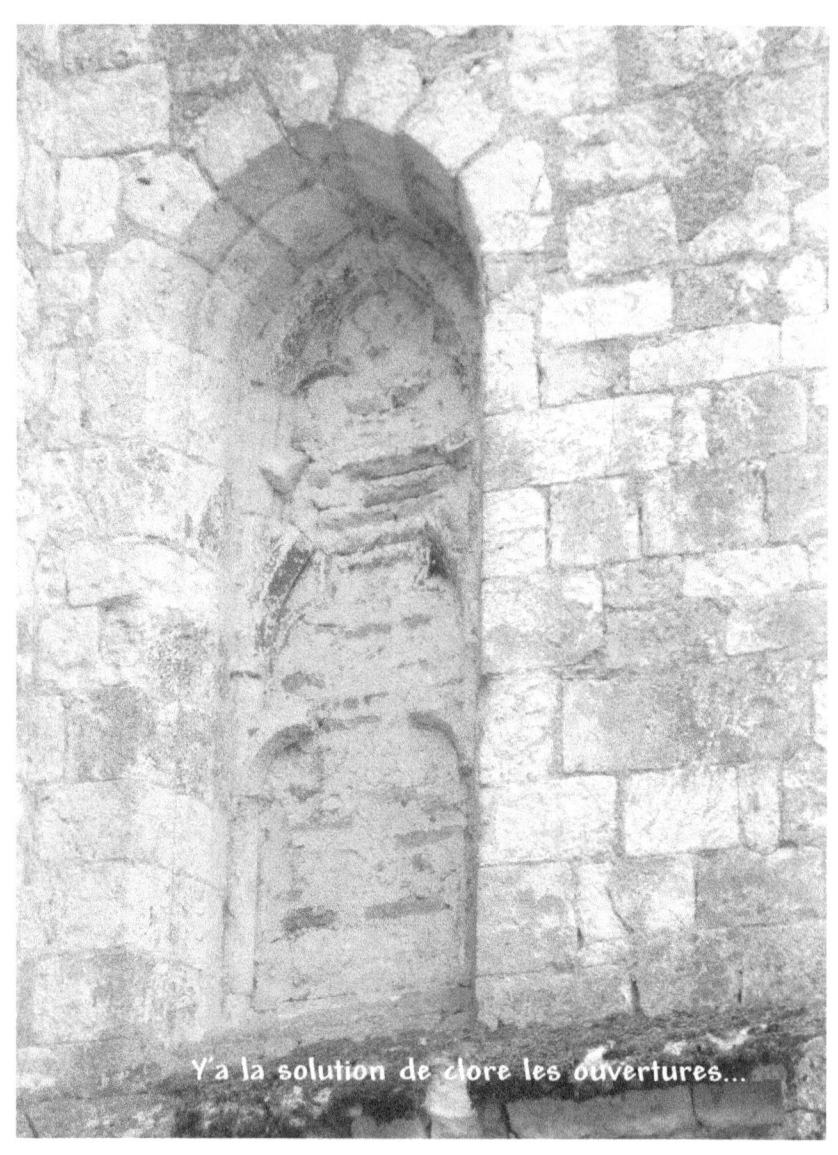

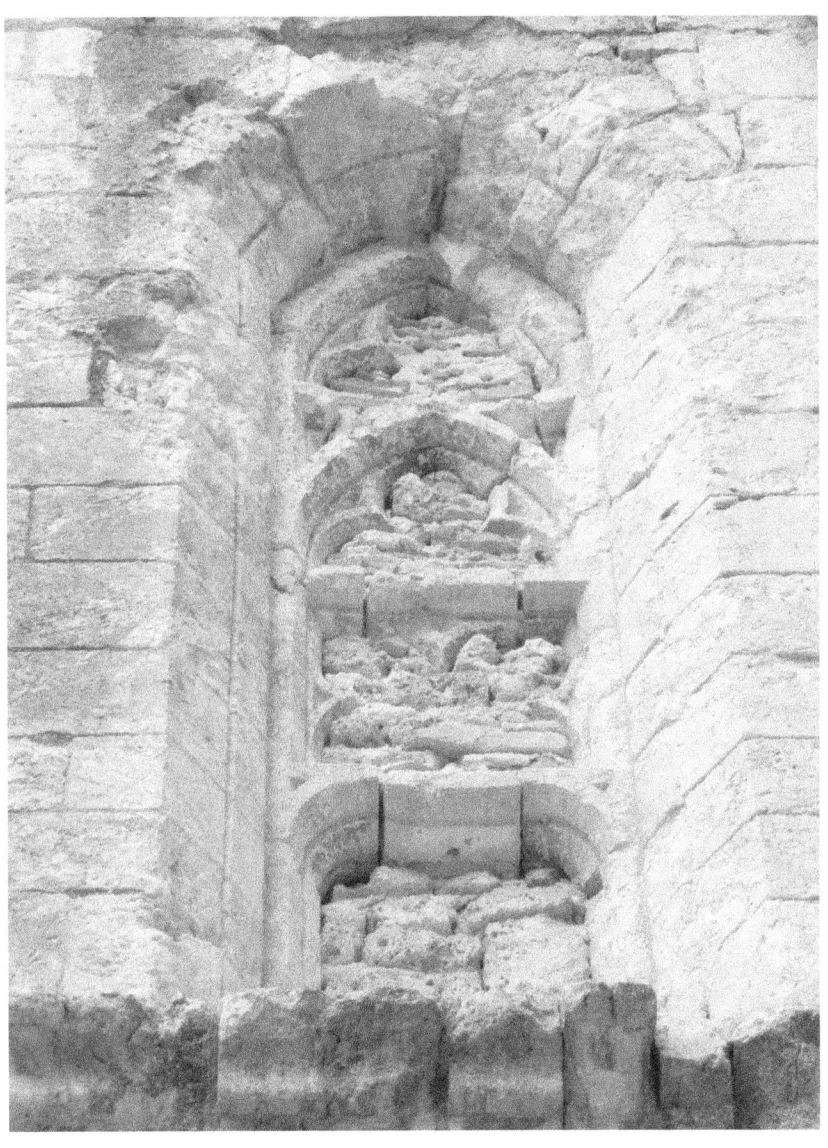

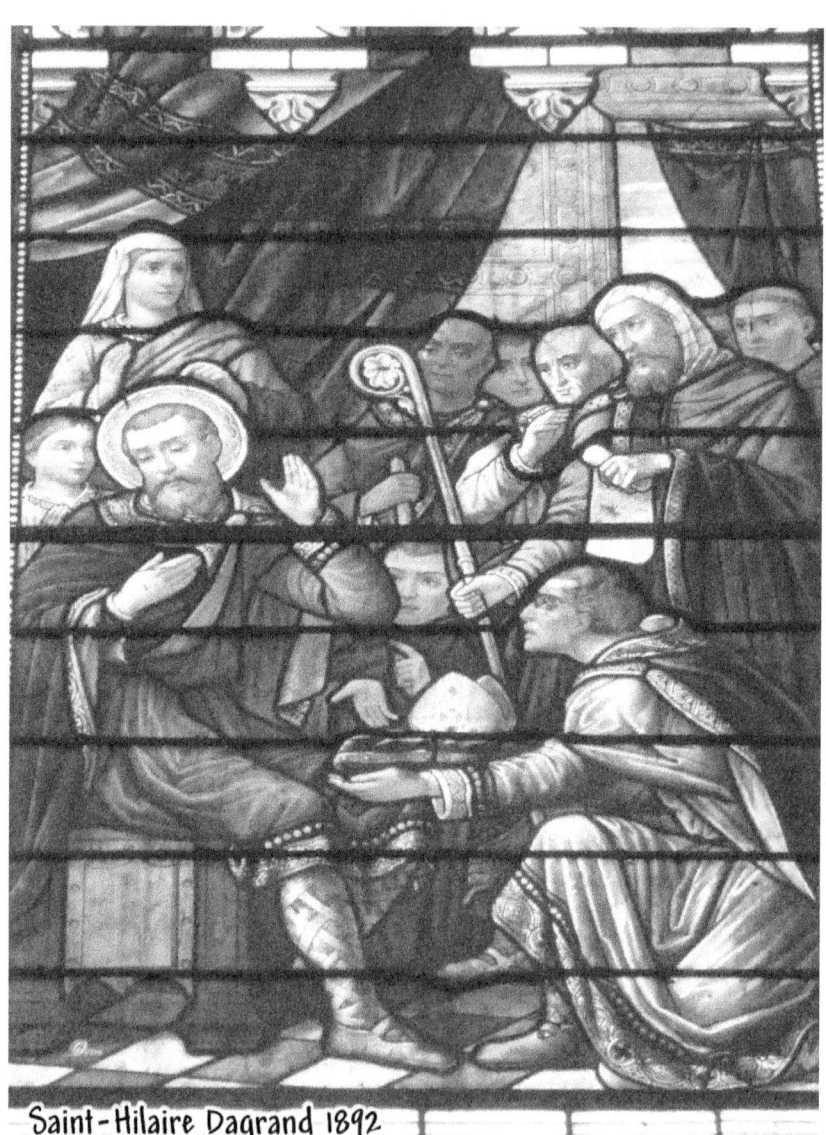

Saint-Hilaire Dagrand 1892

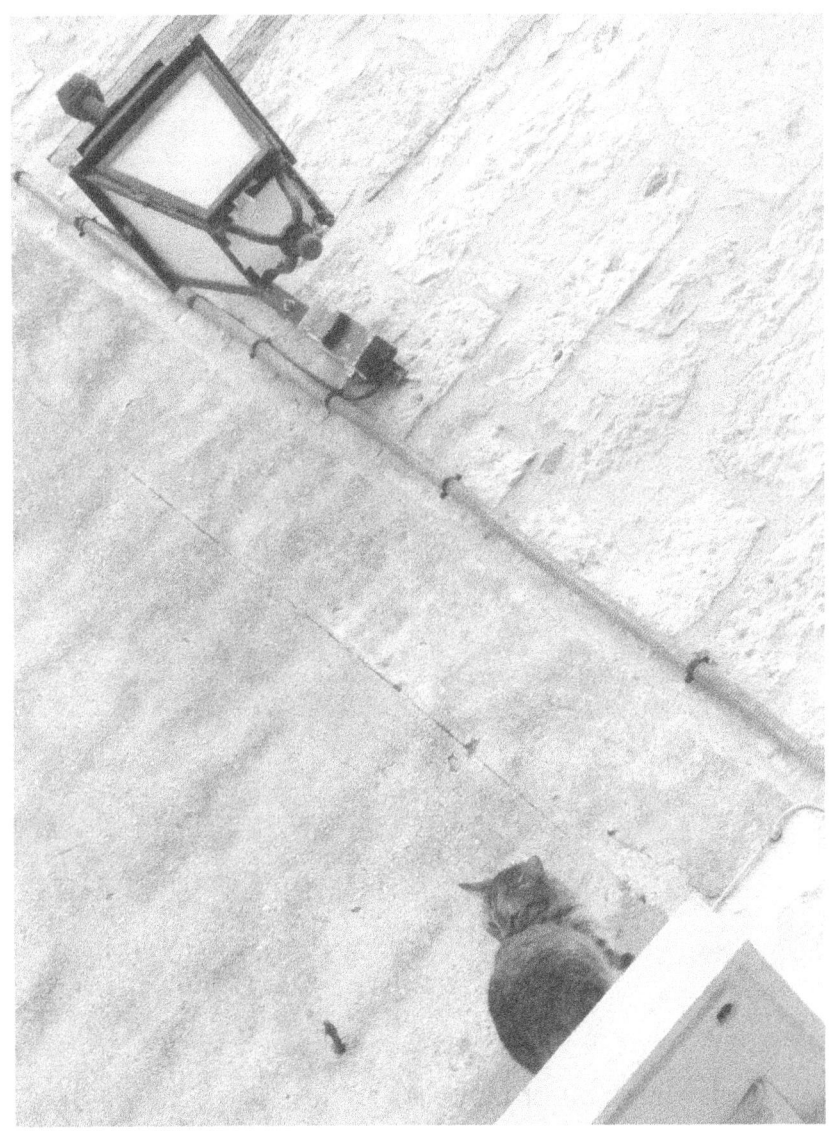

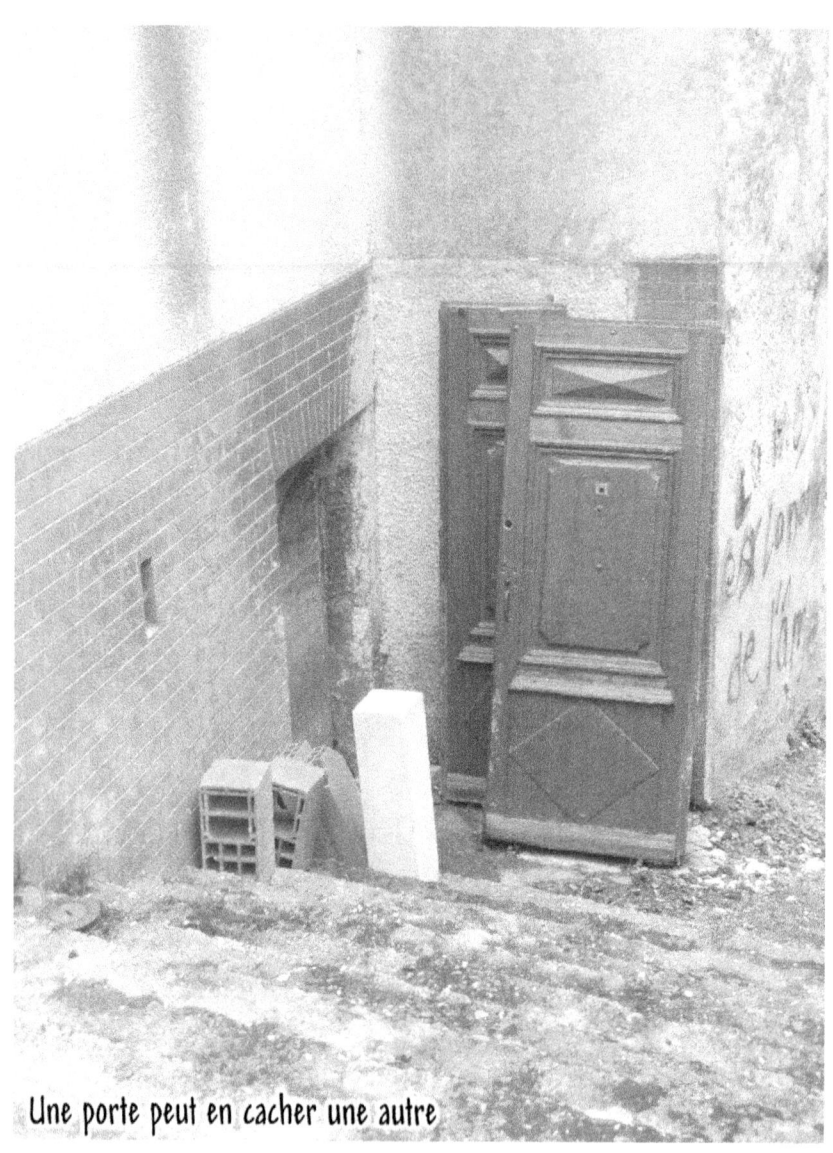
Une porte peut en cacher une autre

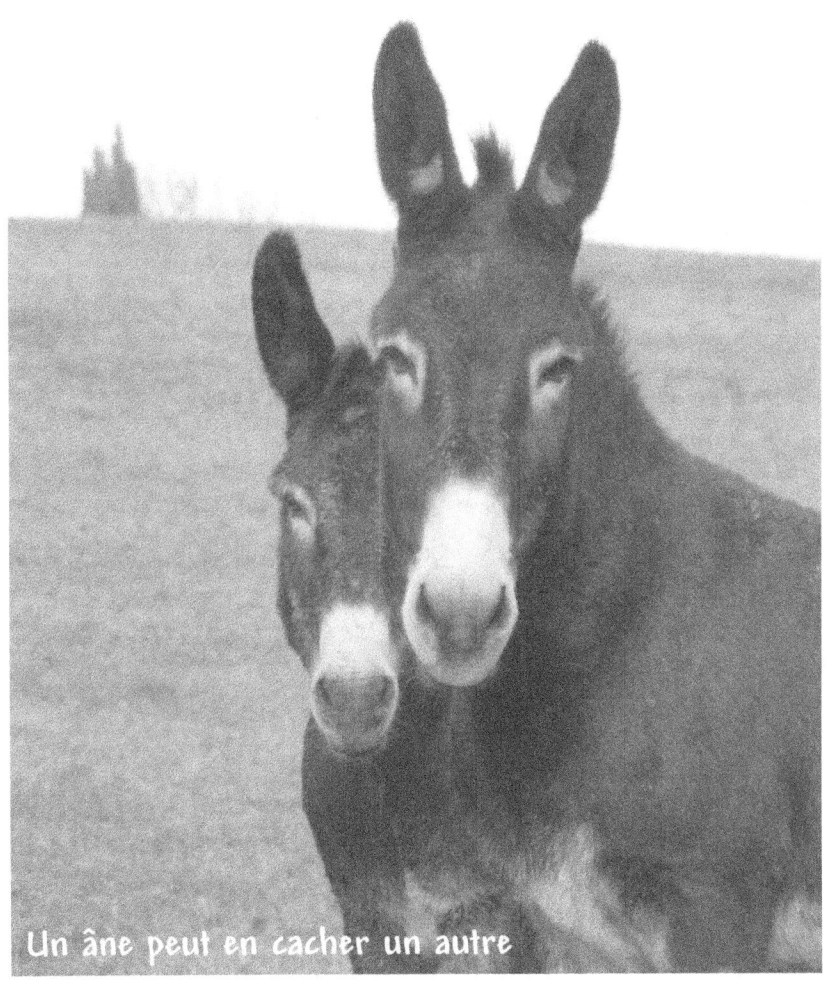

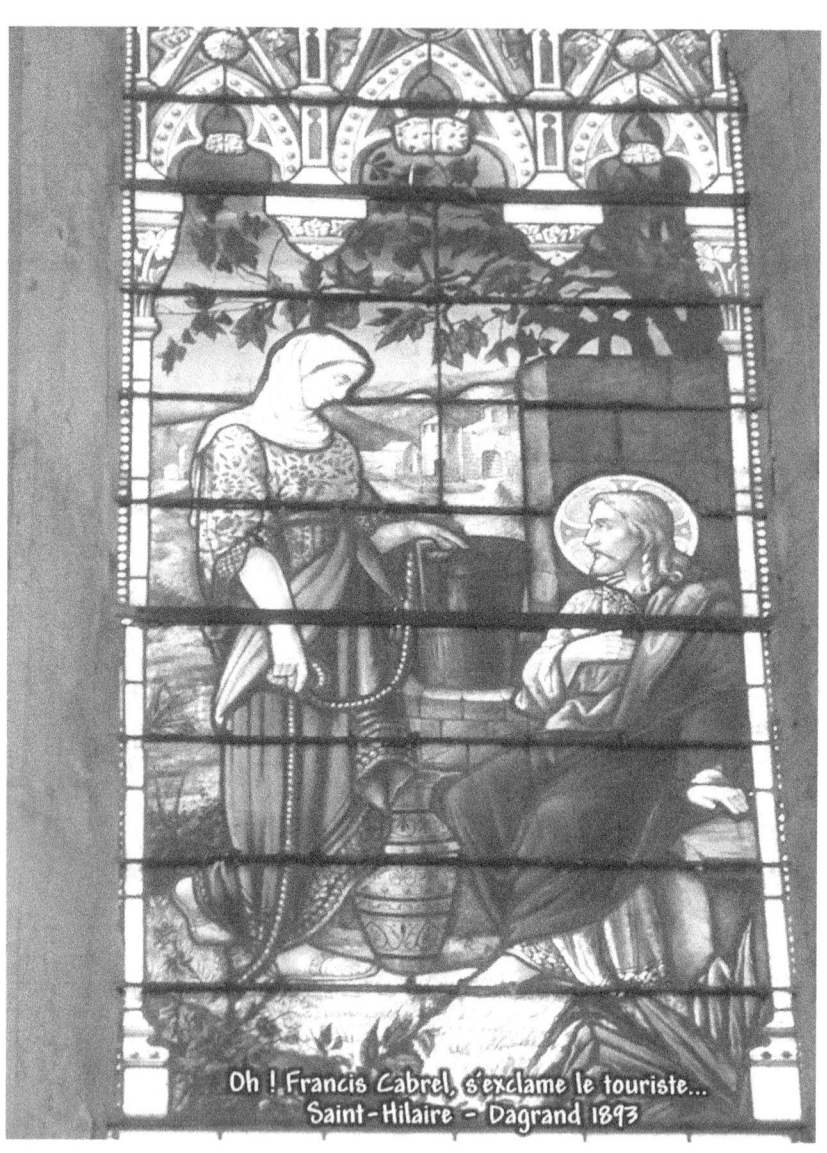
Oh ! Francis Cabrel, s'exclame le touriste...
Saint-Hilaire - Dagrand 1893

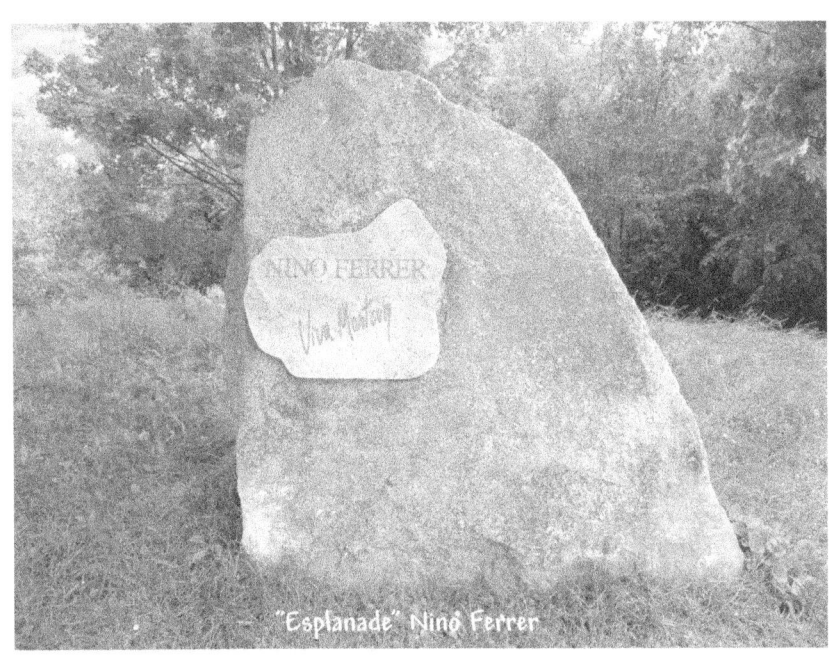
"Esplanade" Nino Ferrer

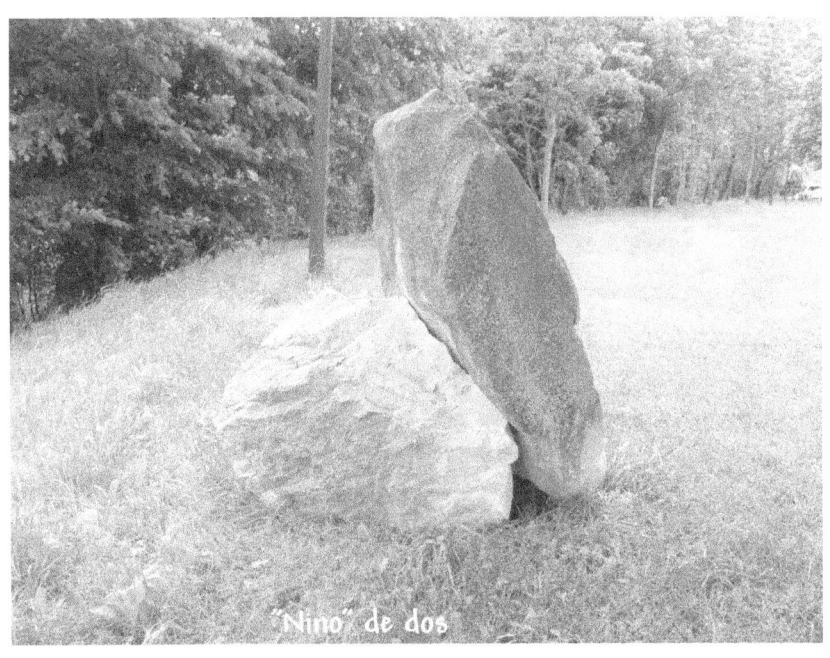
"Nino" de dos

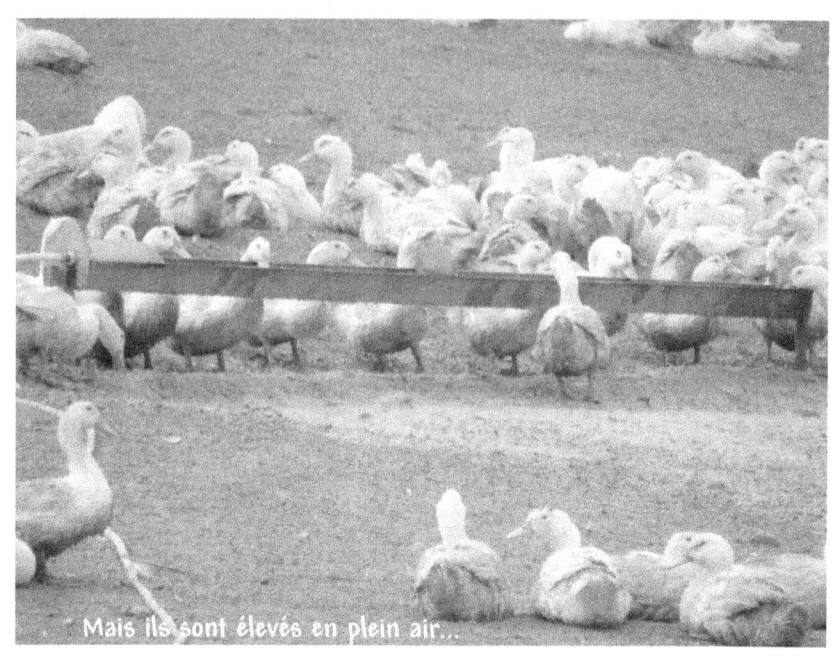
Mais ils sont élevés en plein air...

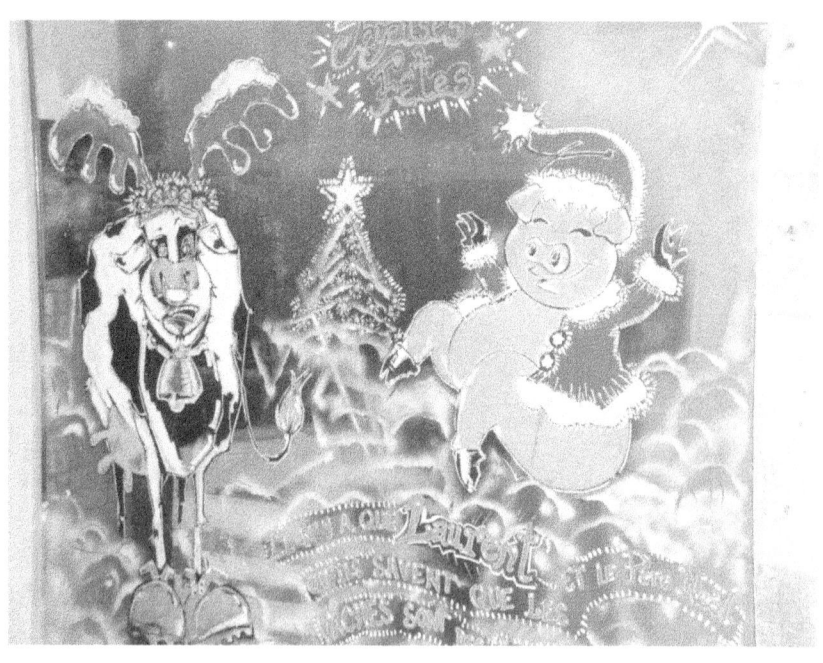

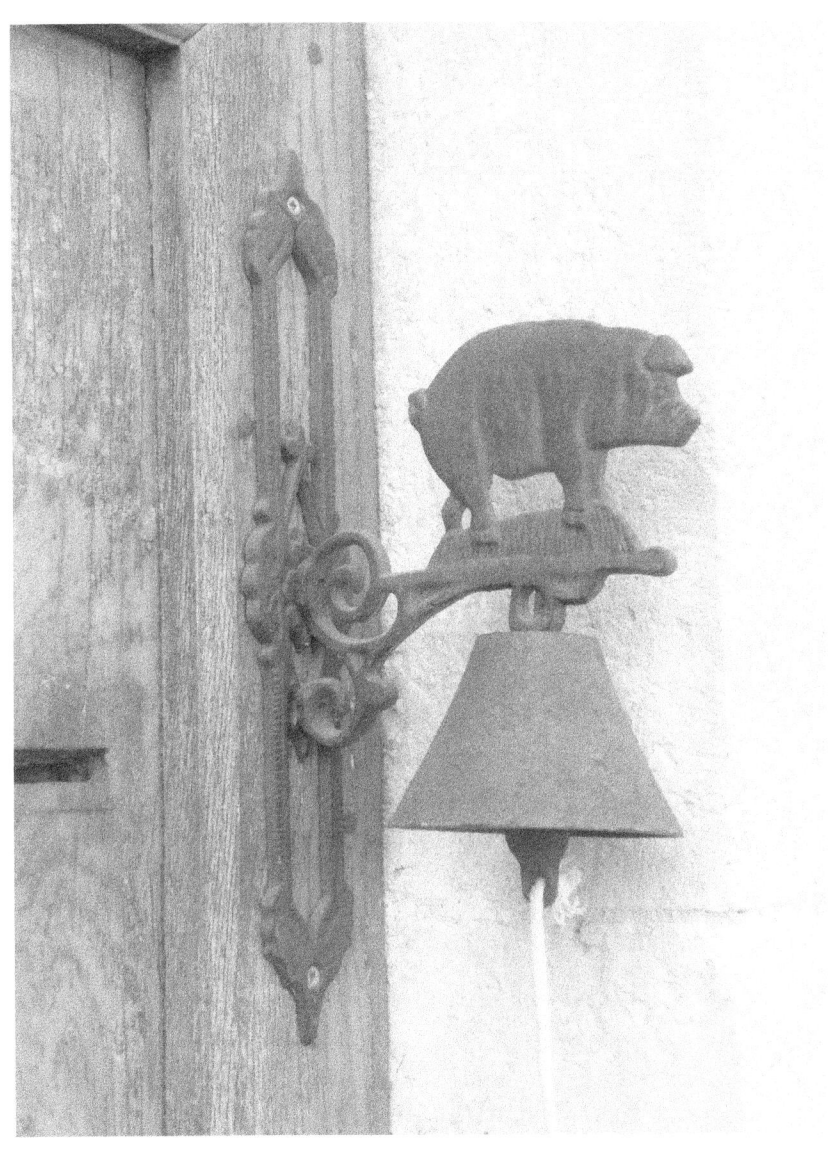

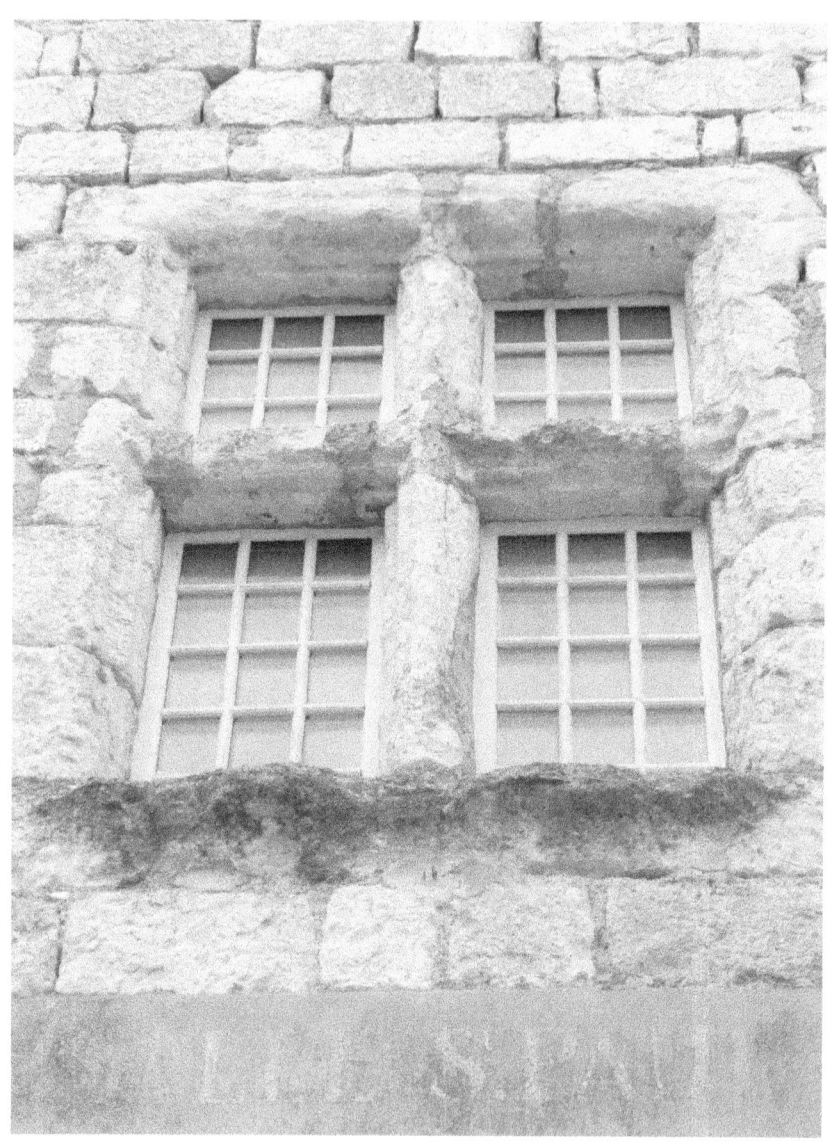

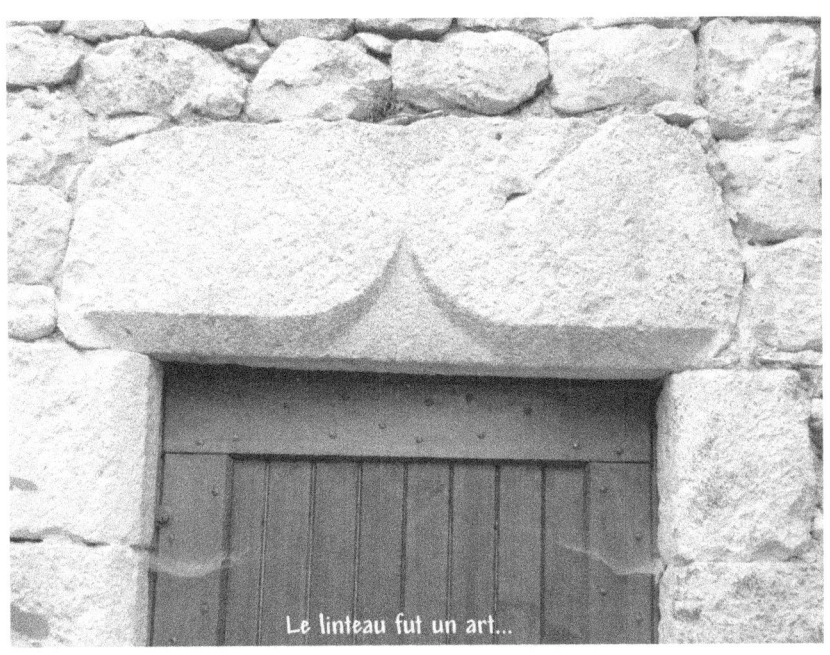
Le linteau fut un art...

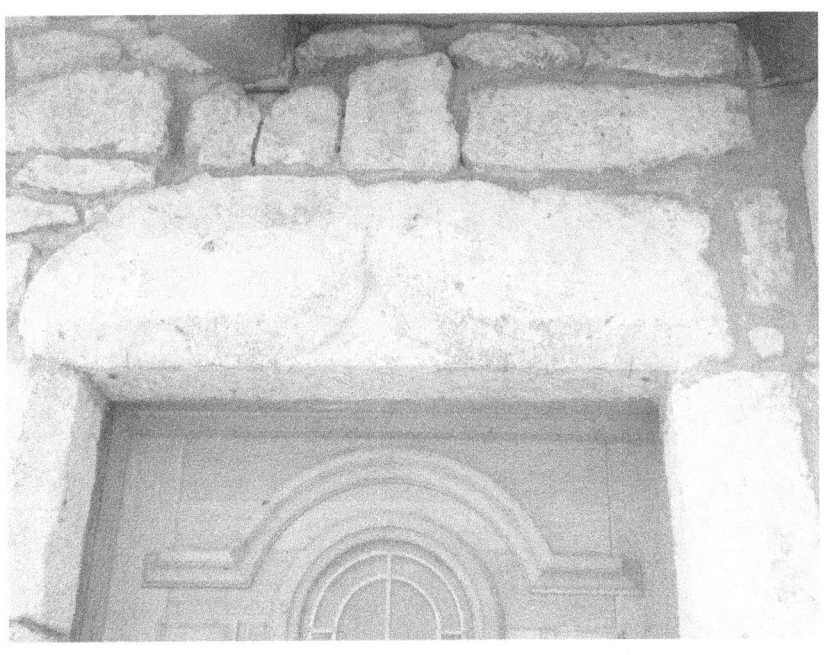

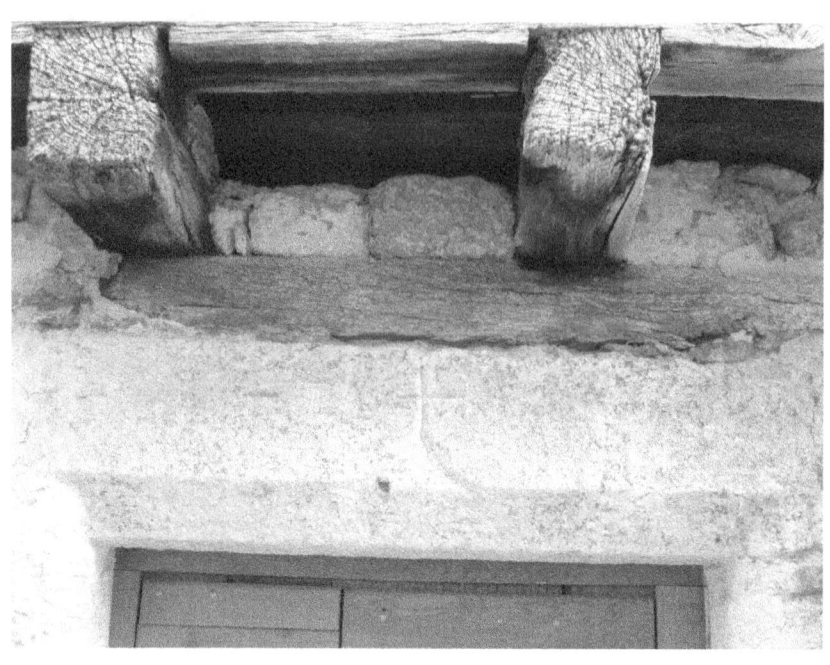

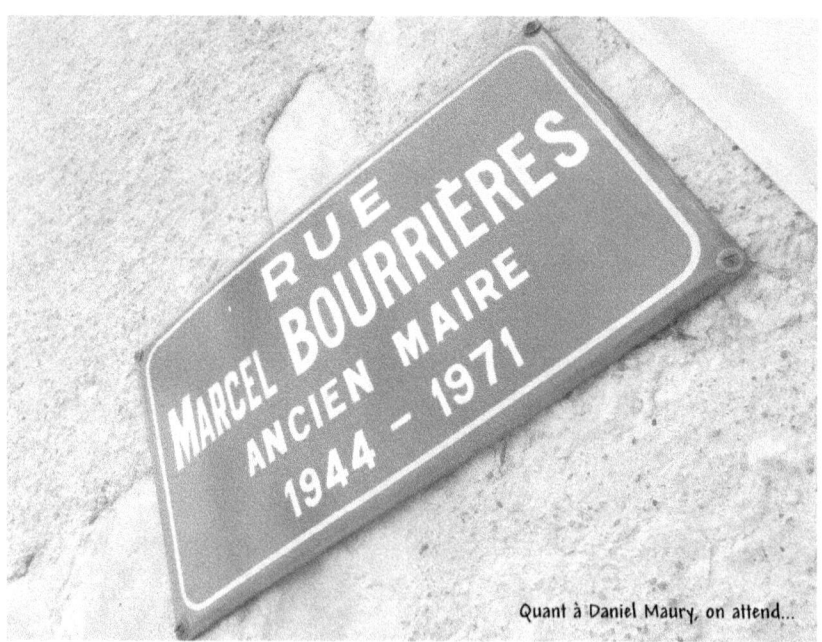

Quant à Daniel Maury, on attend...

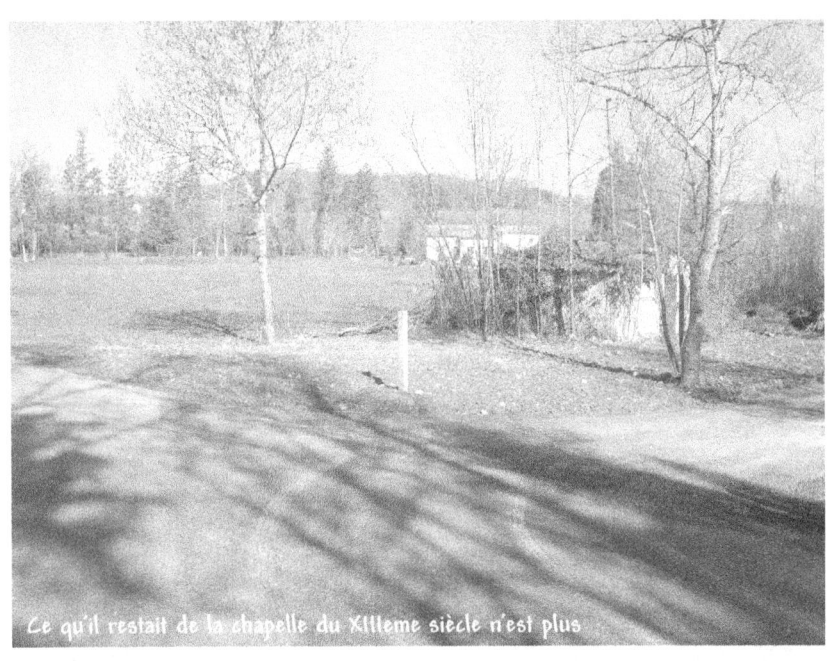

Ce qu'il restait de la chapelle du XIIIème siècle n'est plus

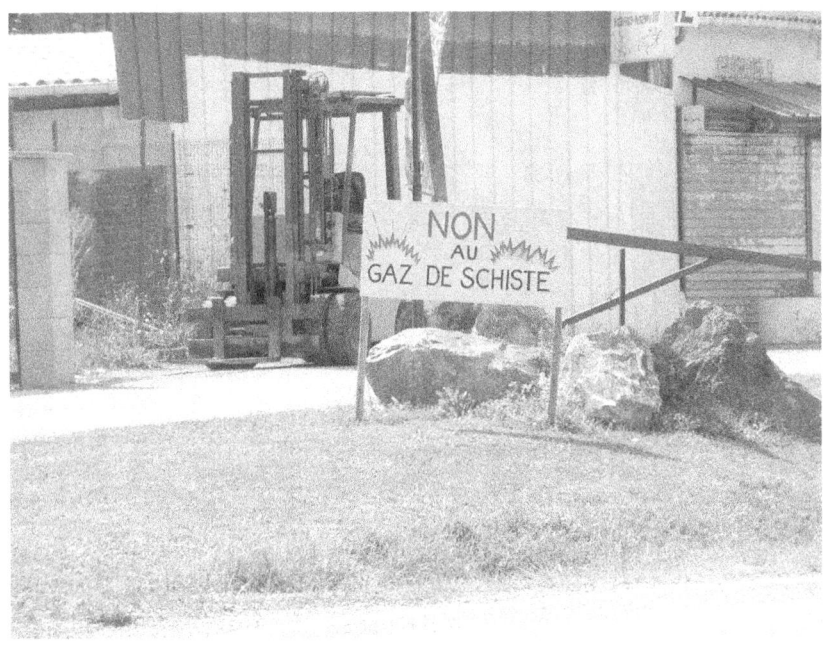

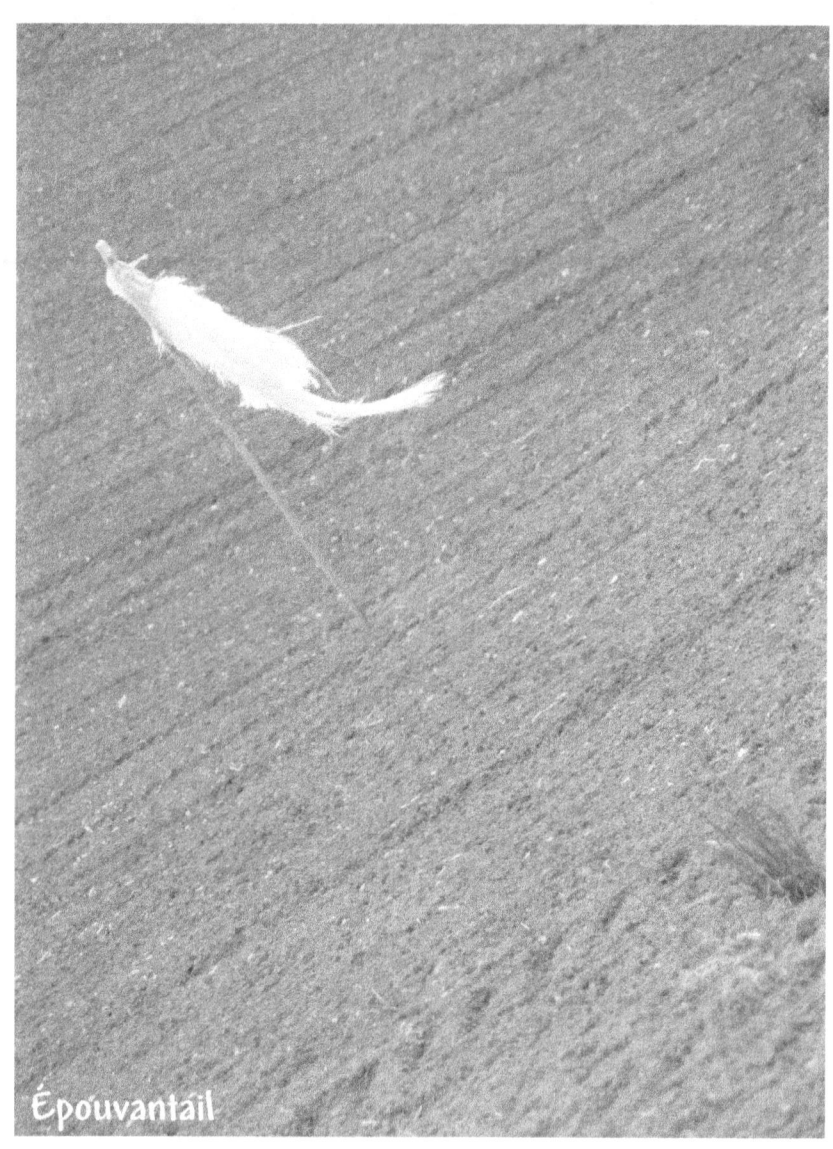

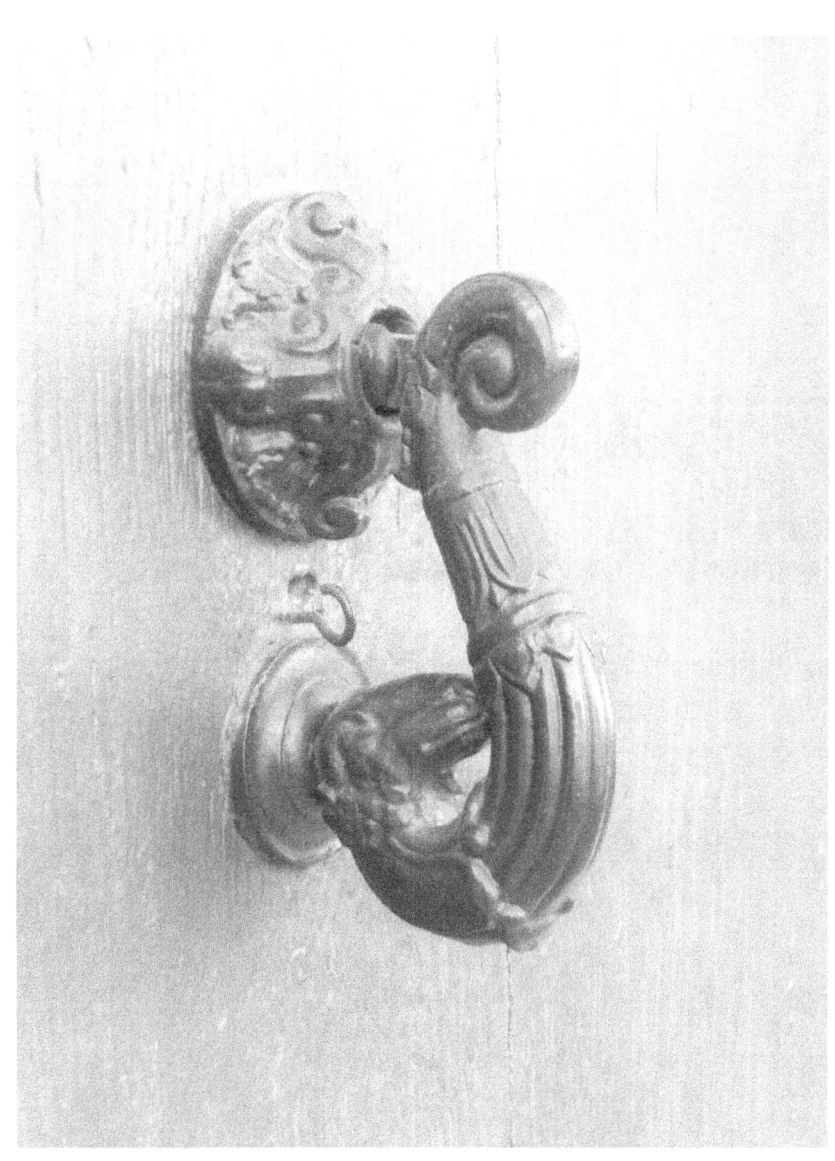

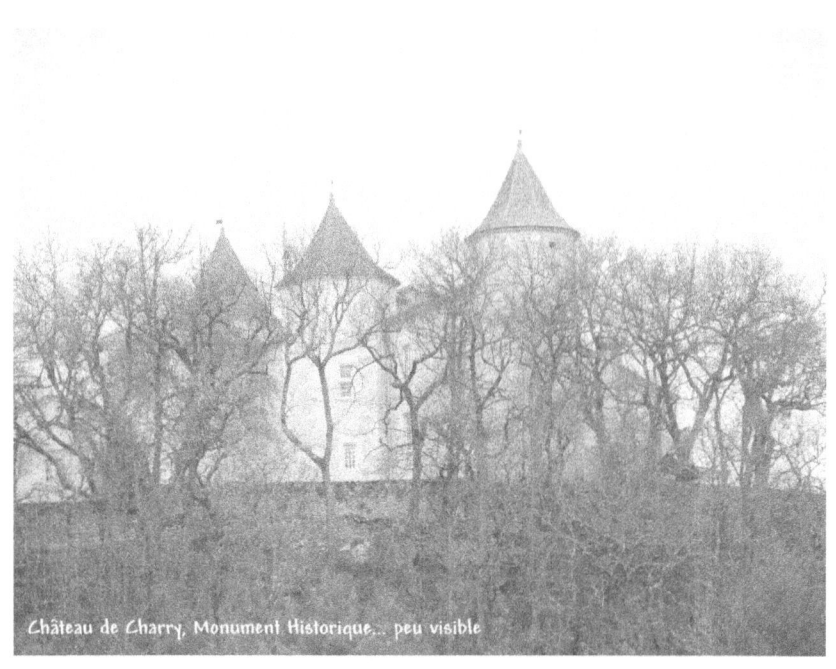
Château de Charry, Monument Historique... peu visible

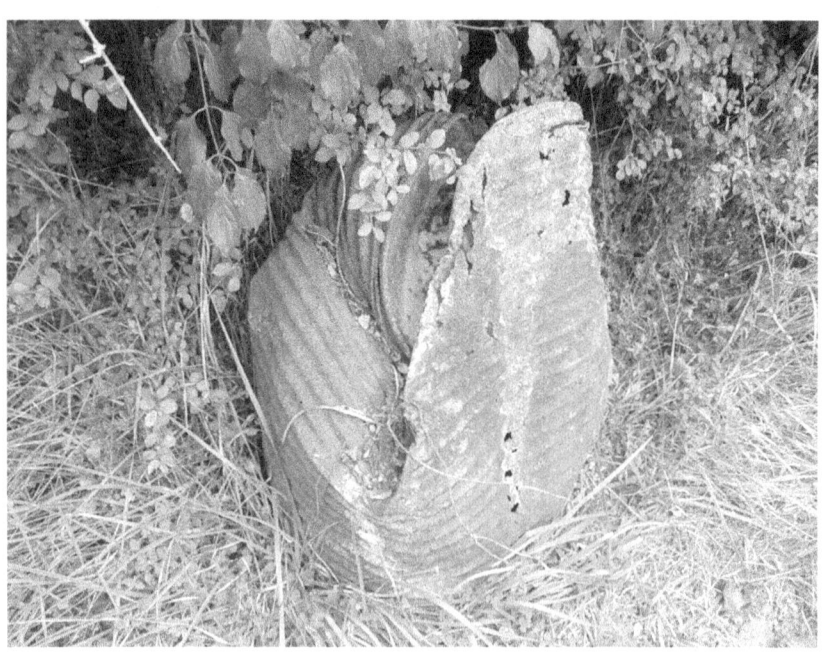

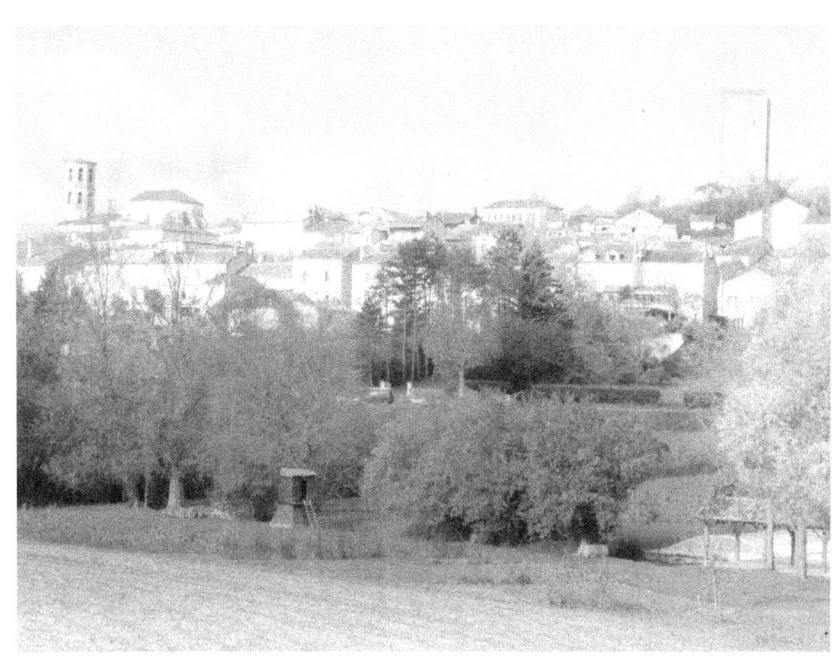

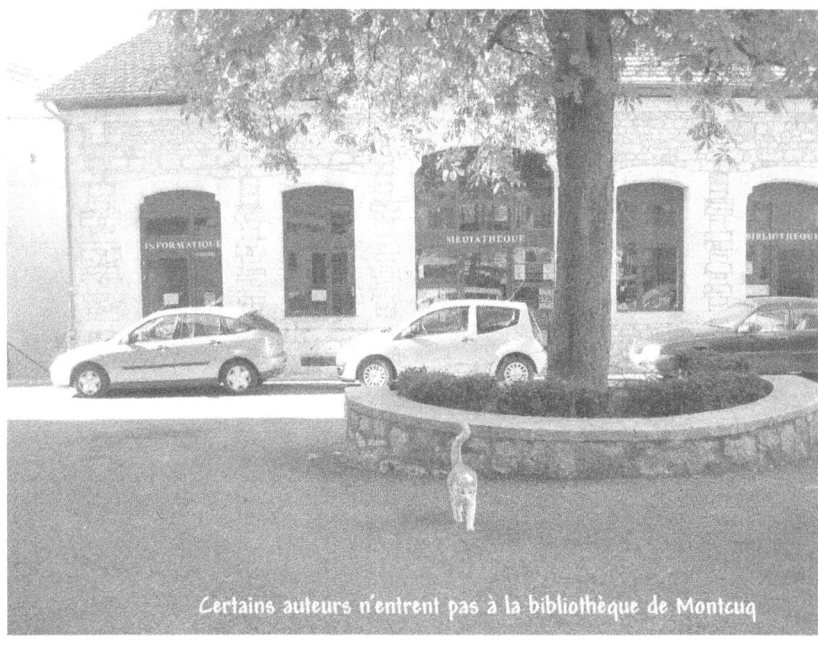

Certains auteurs n'entrent pas à la bibliothèque de Montcuq

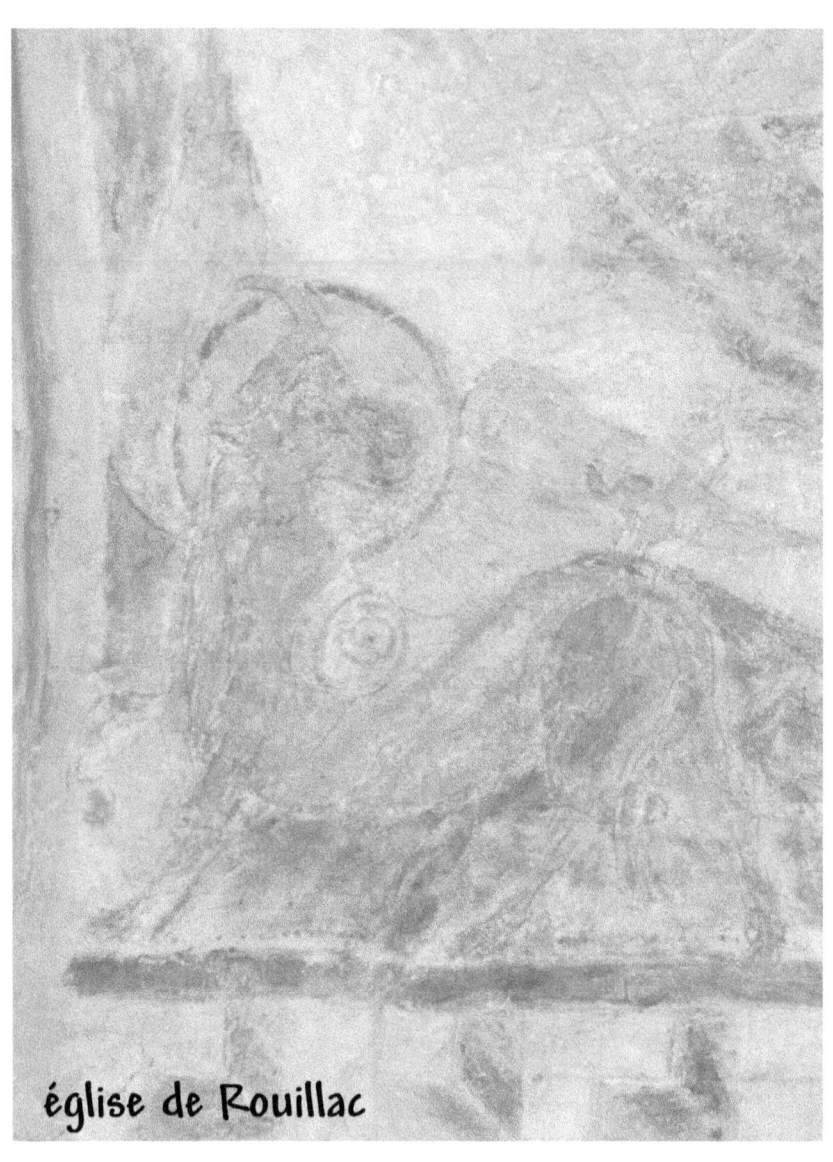
église de Rouillac

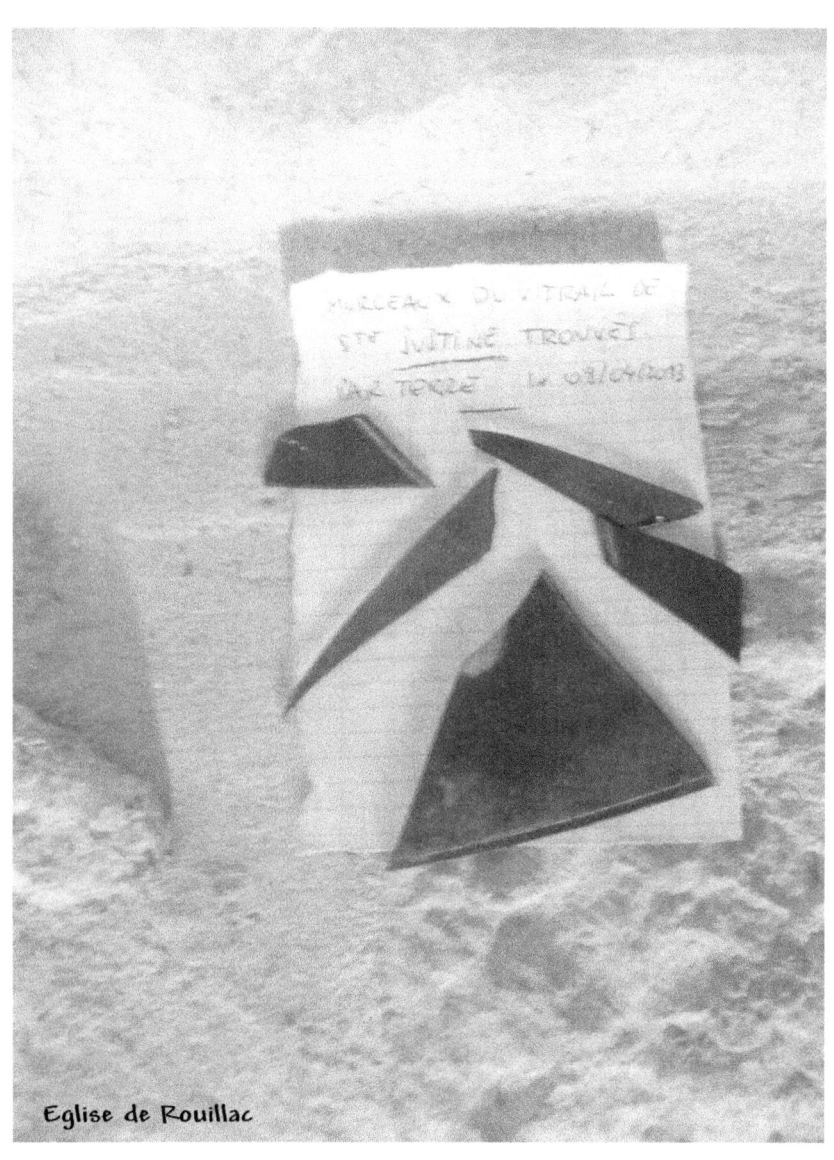
Eglise de Rouillac

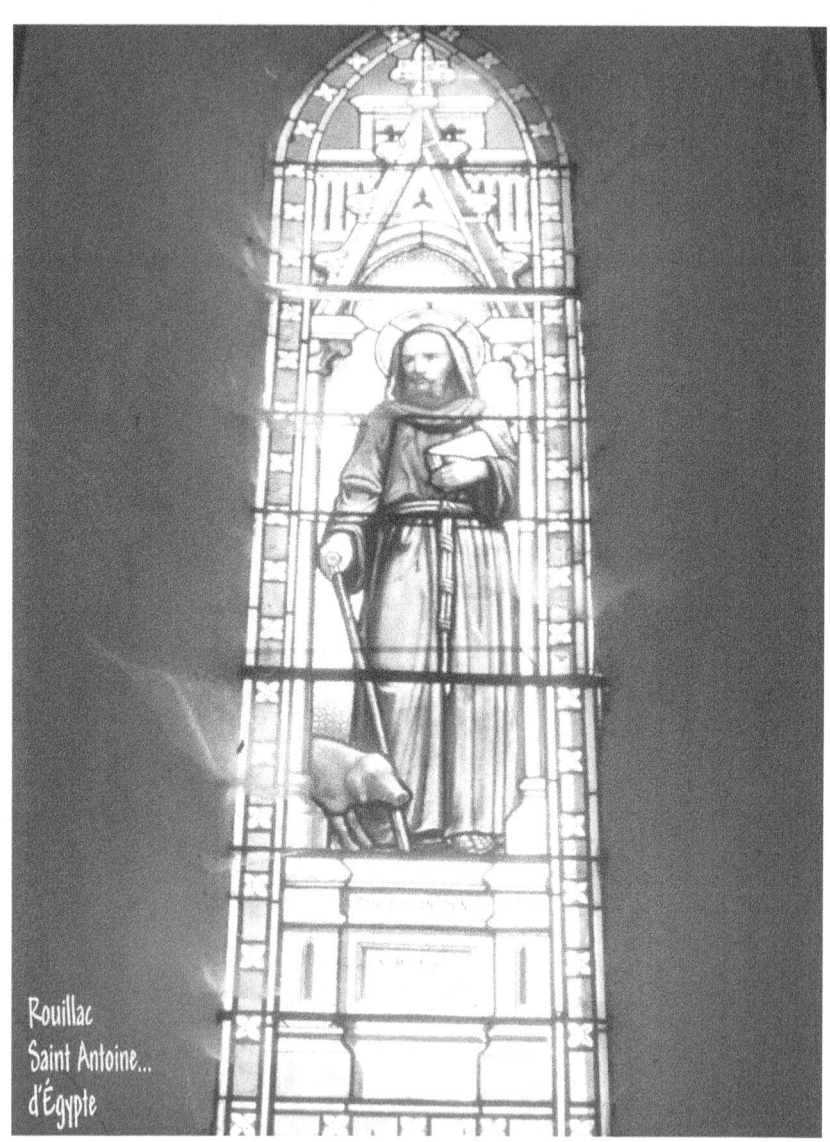

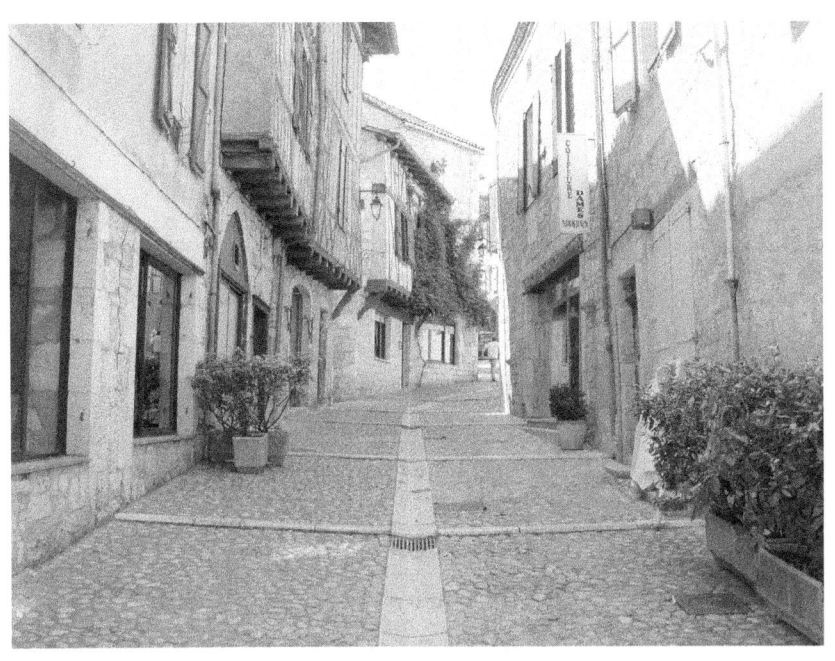

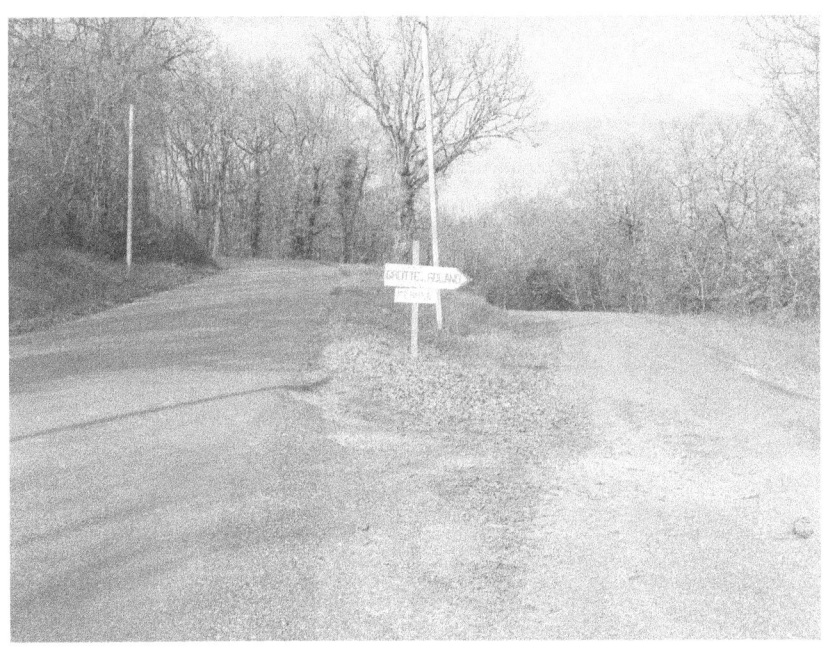

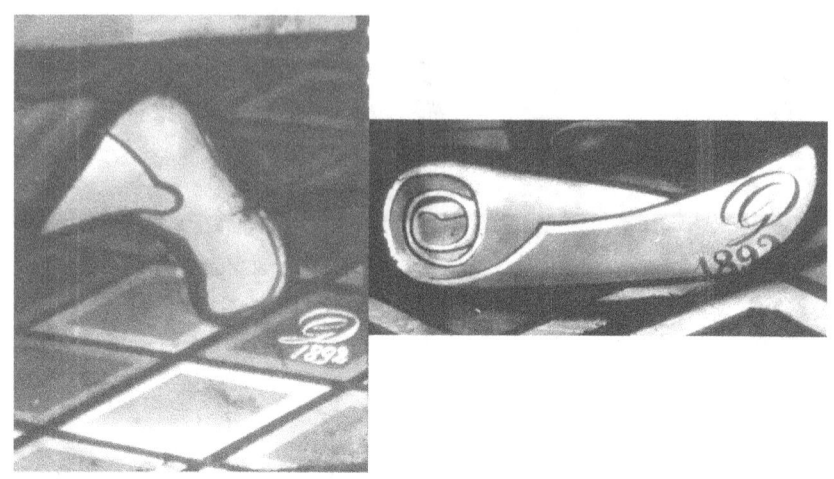

Saint-Hilaire

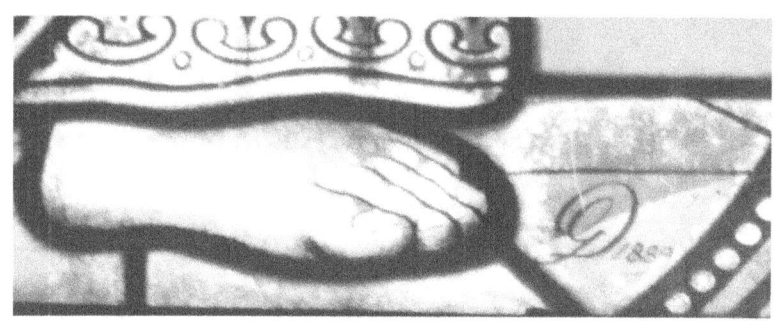

Saint Privat

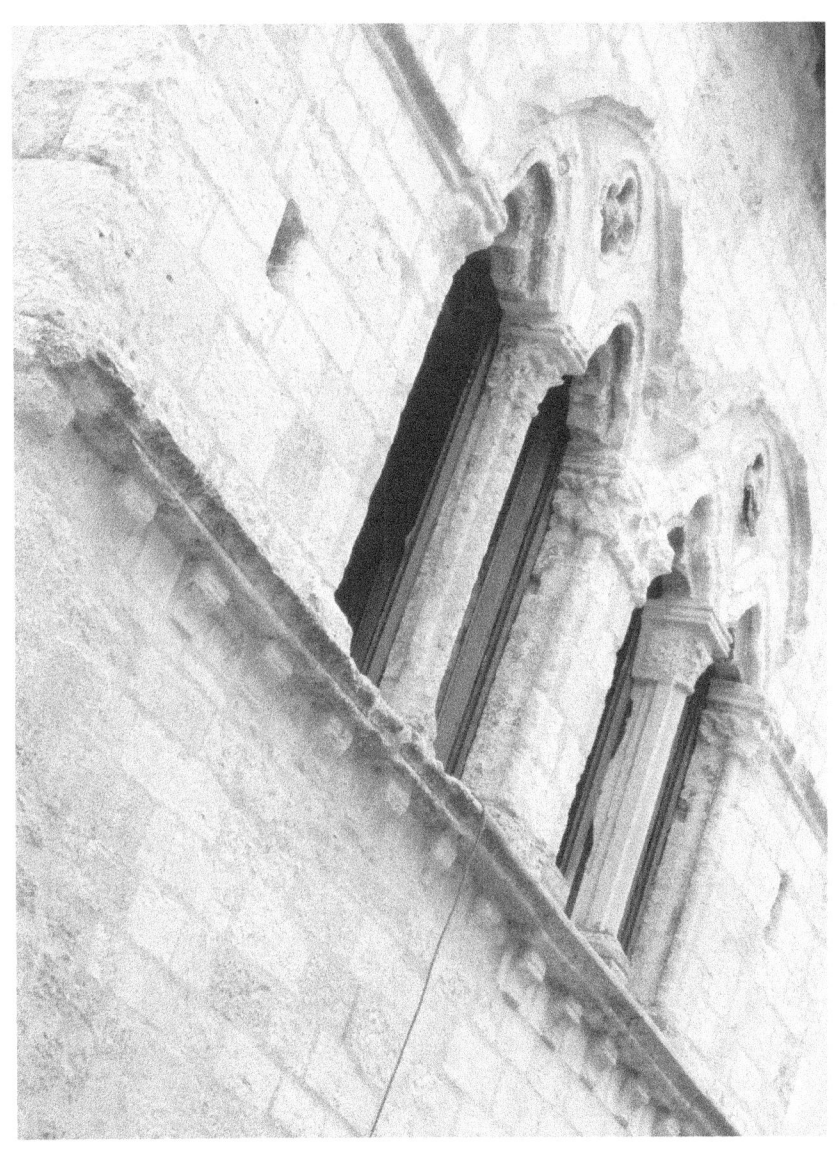

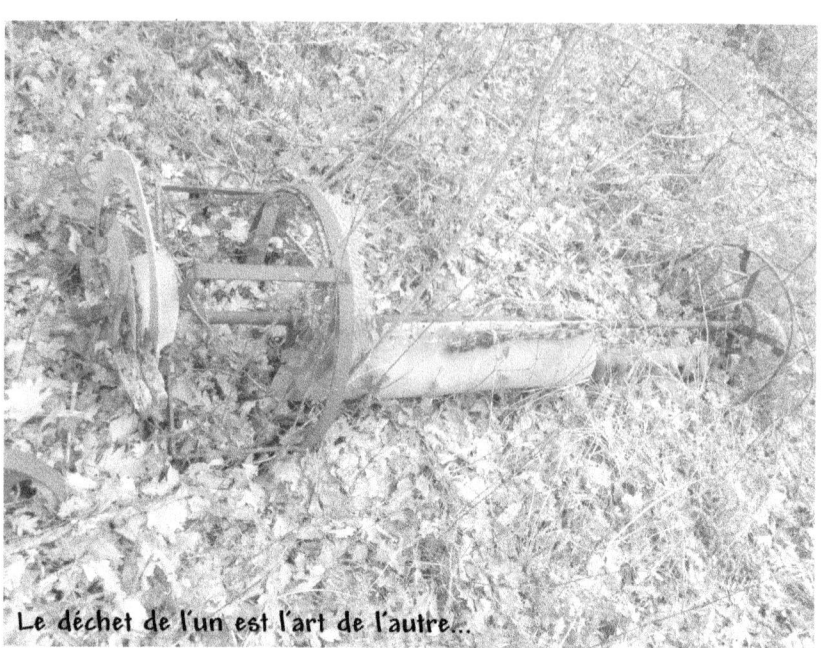
Le déchet de l'un est l'art de l'autre...

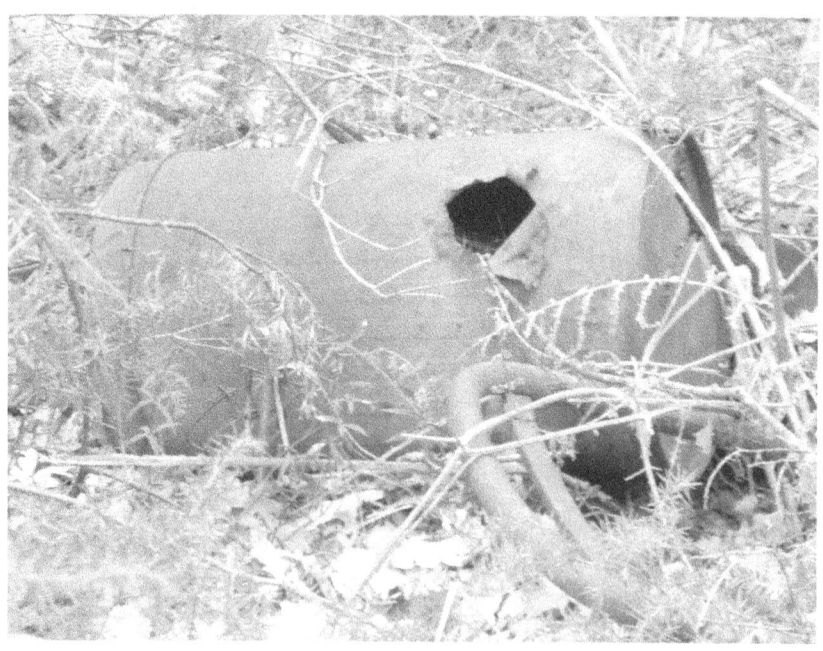

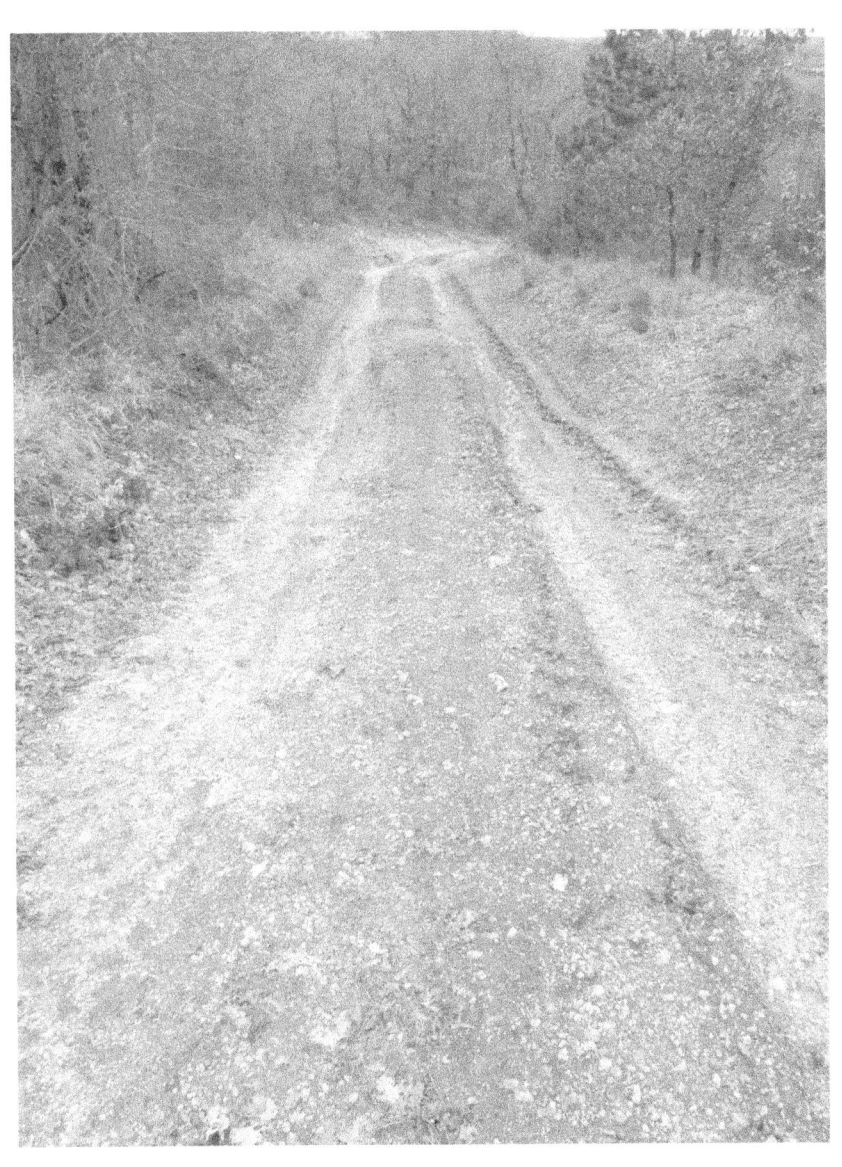

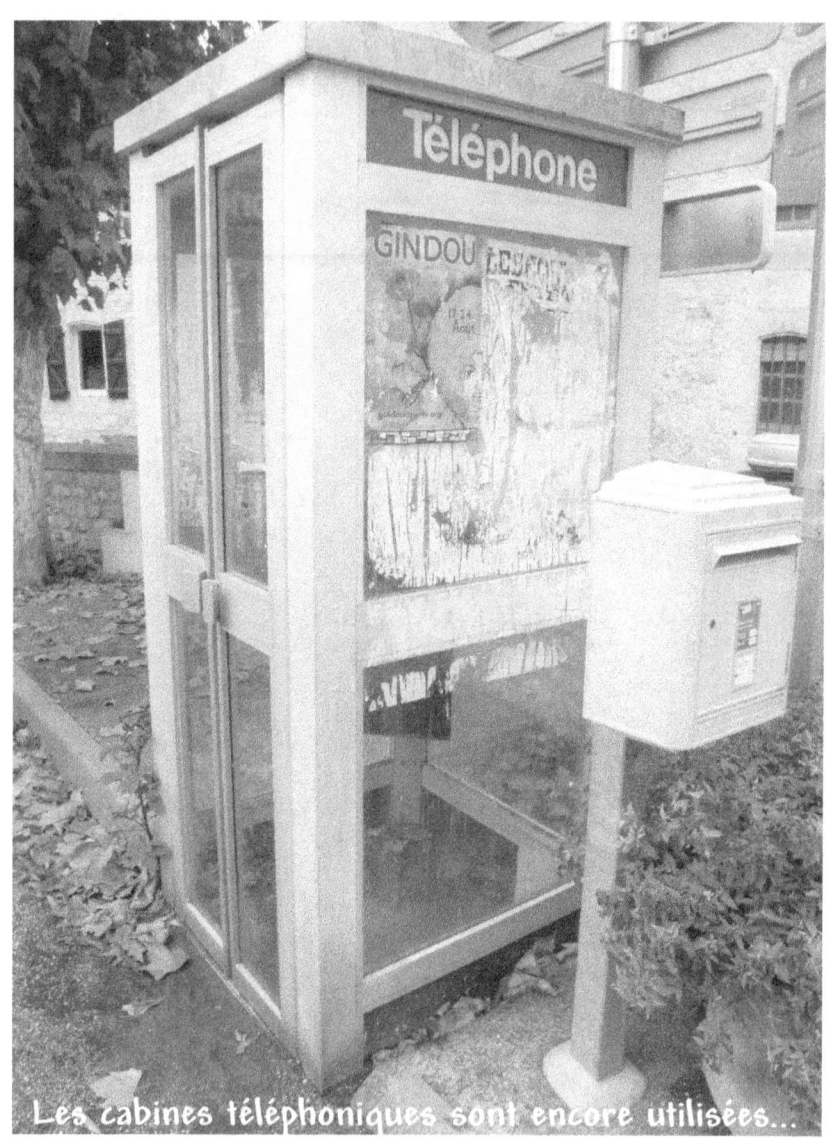

Les cabines téléphoniques sont encore utilisées...

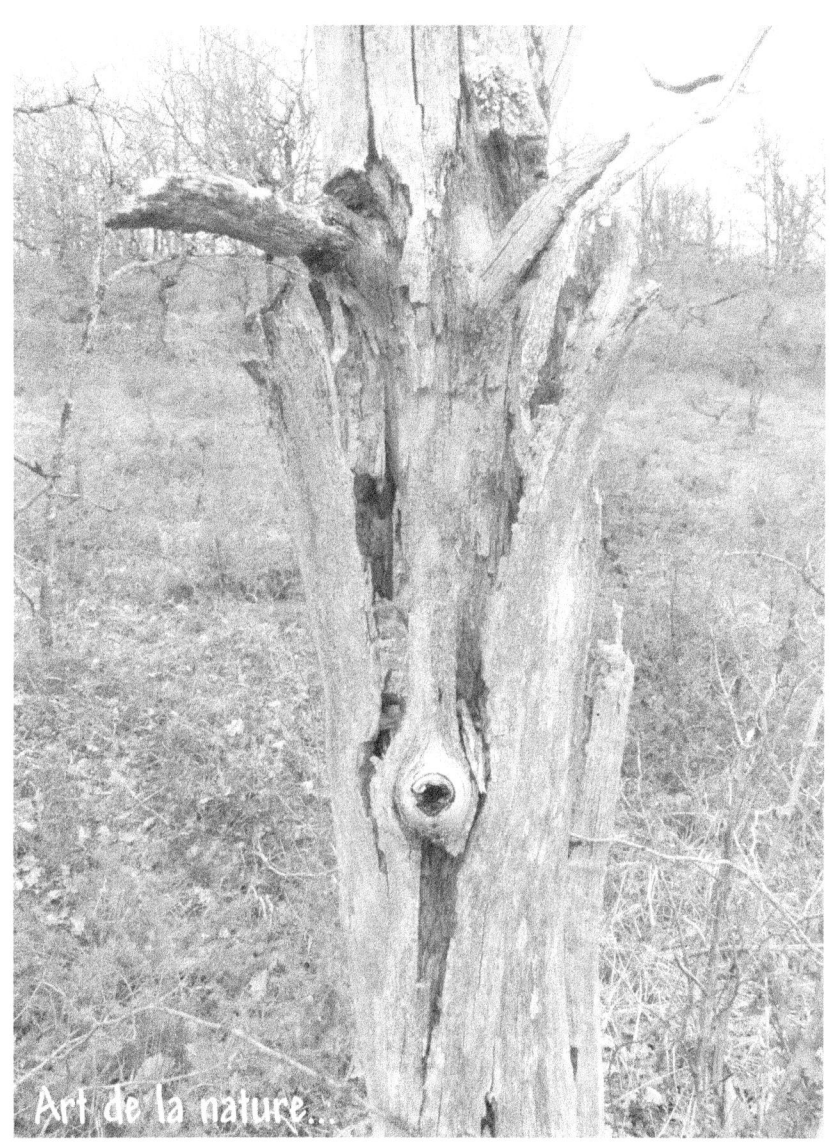

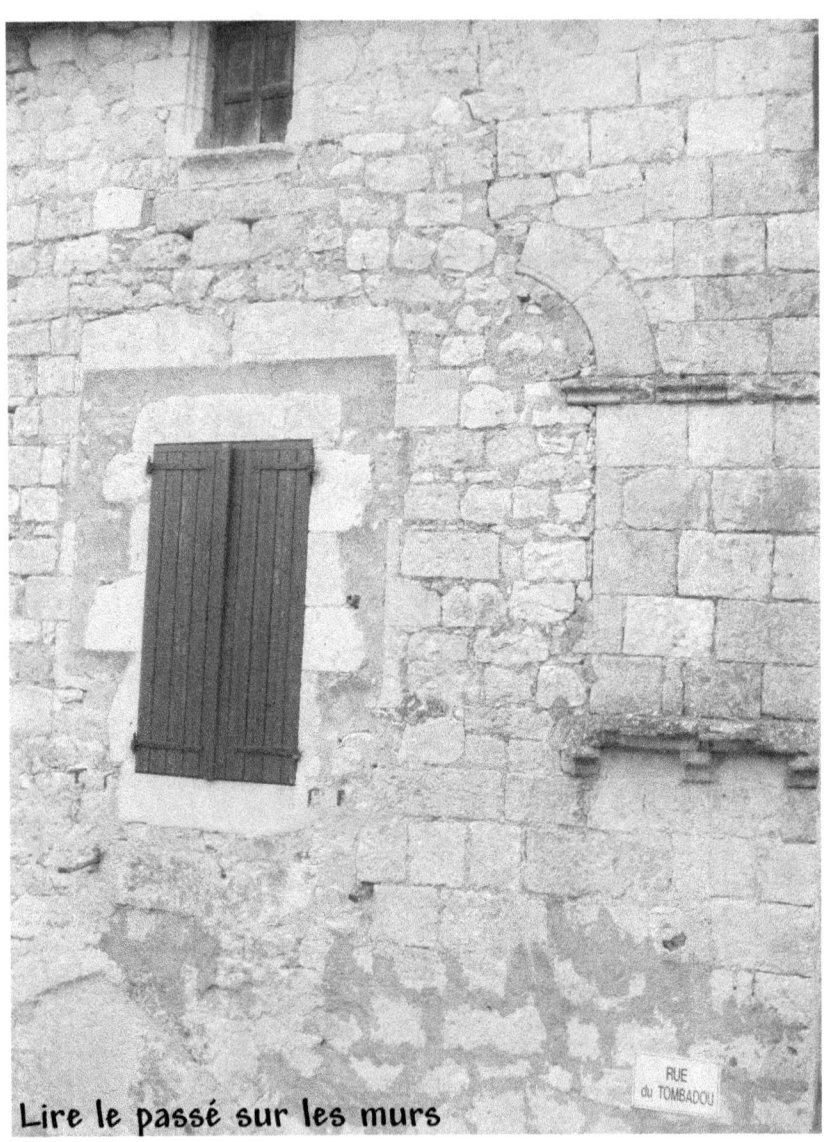

Lire le passé sur les murs

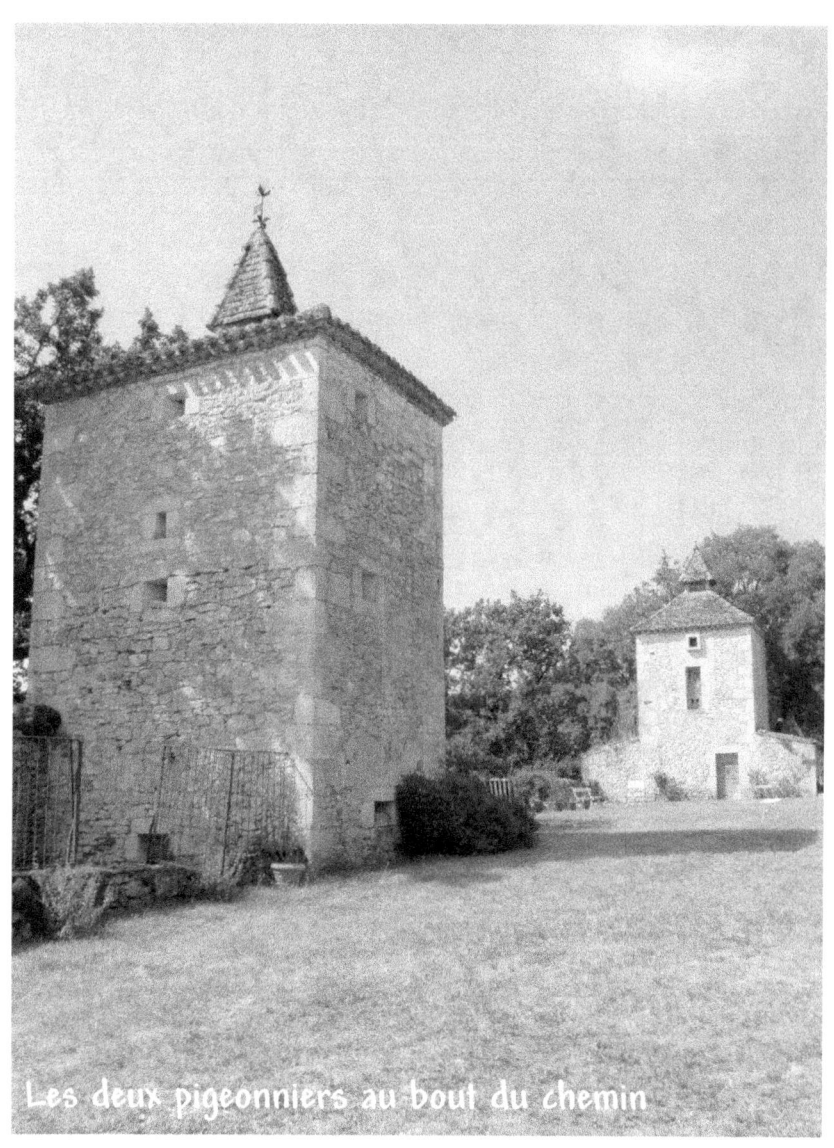
Les deux pigeonniers au bout du chemin

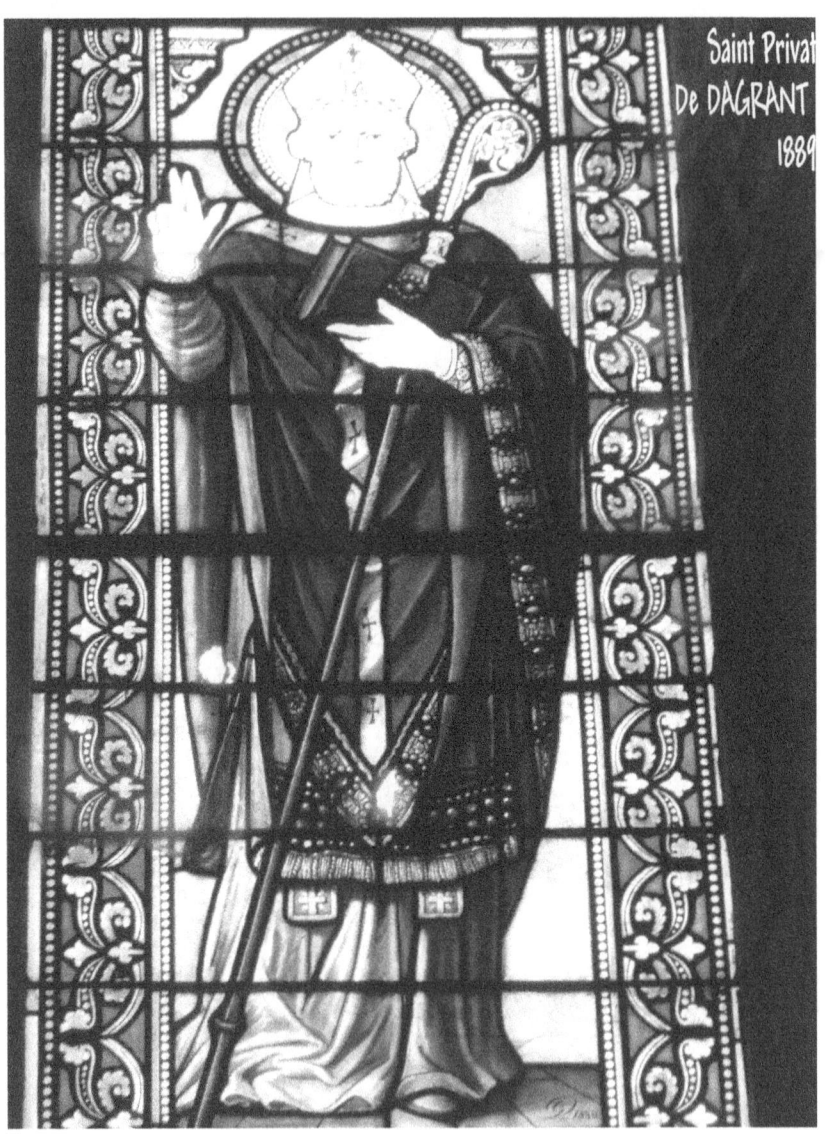

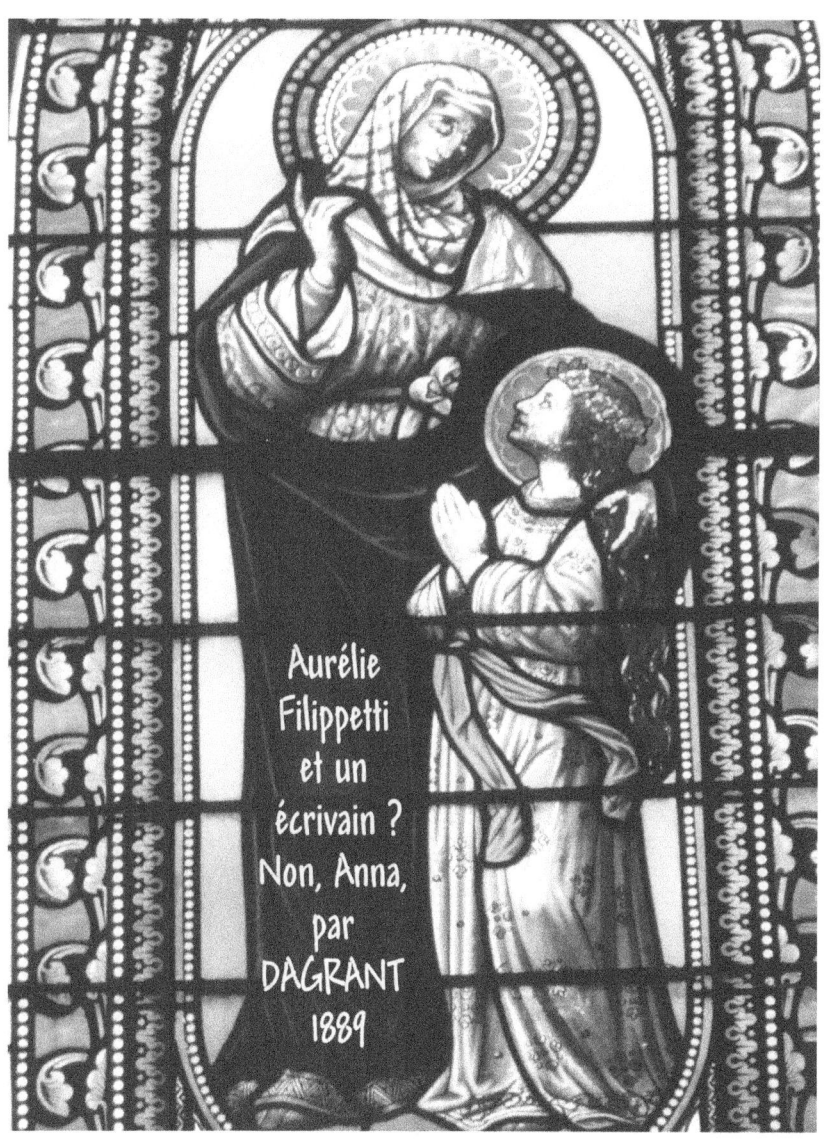

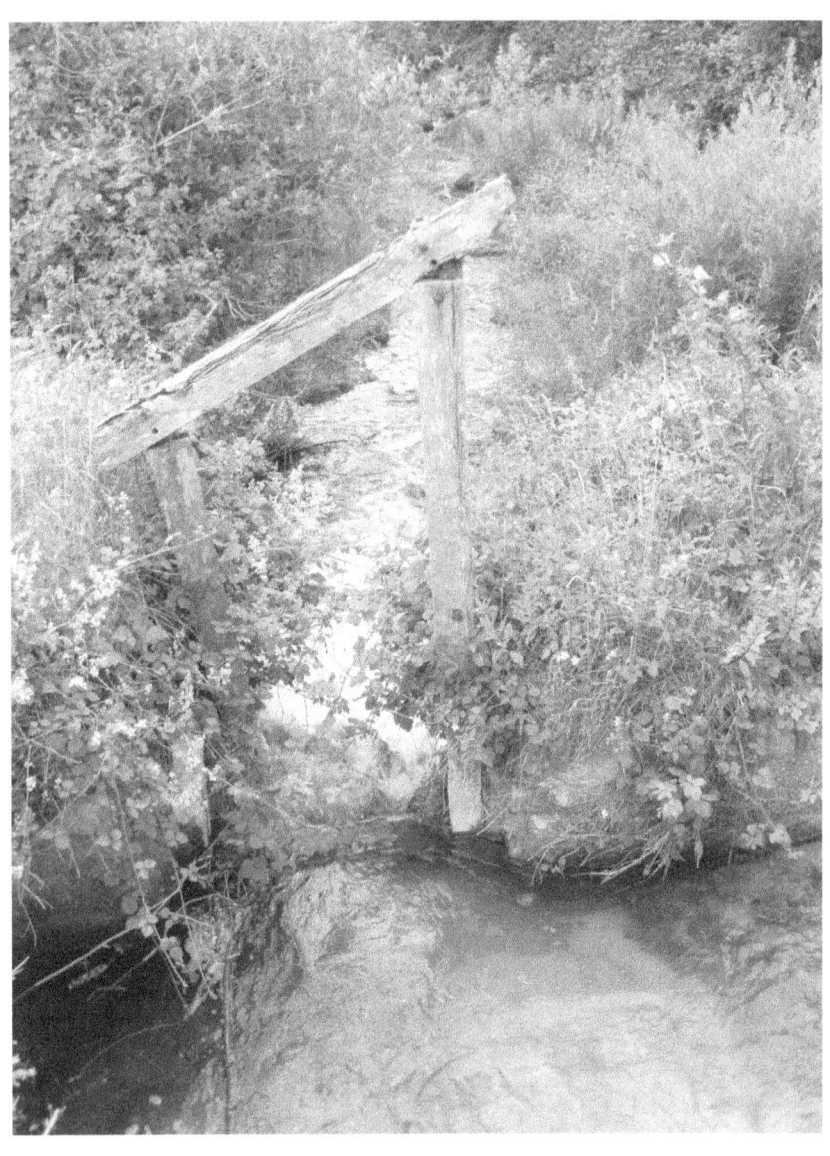

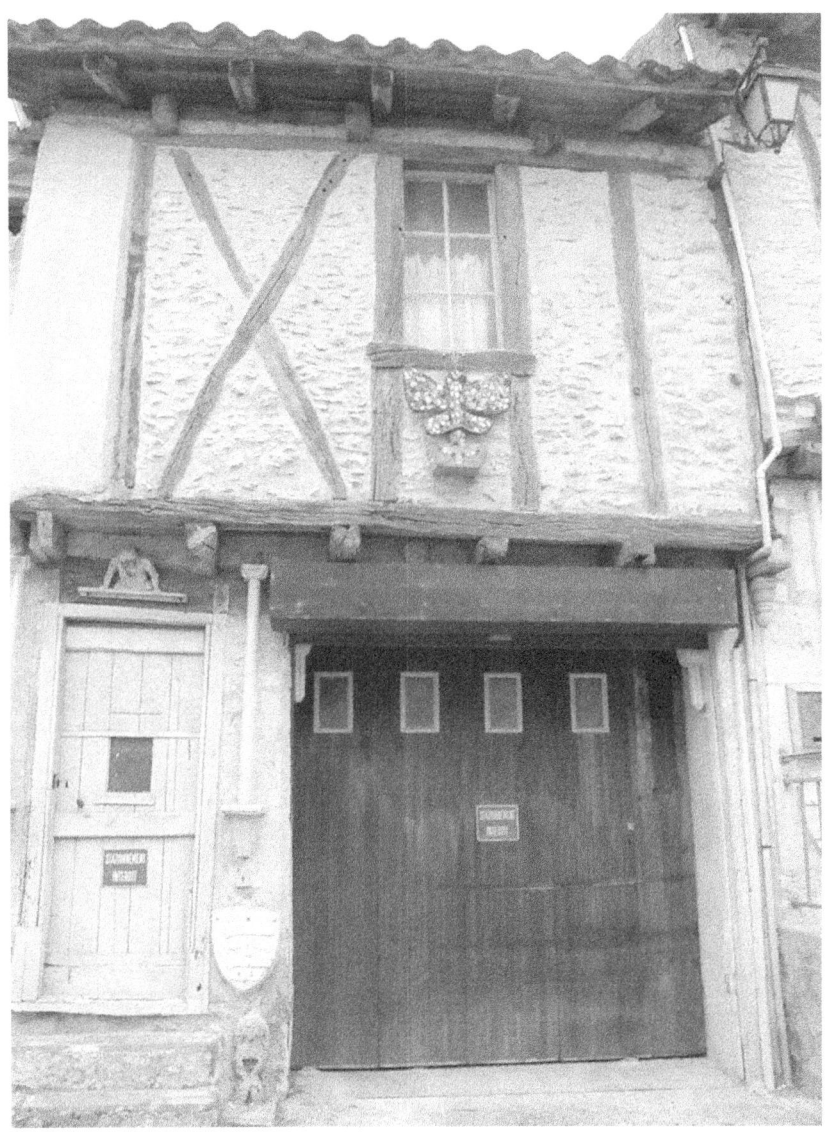

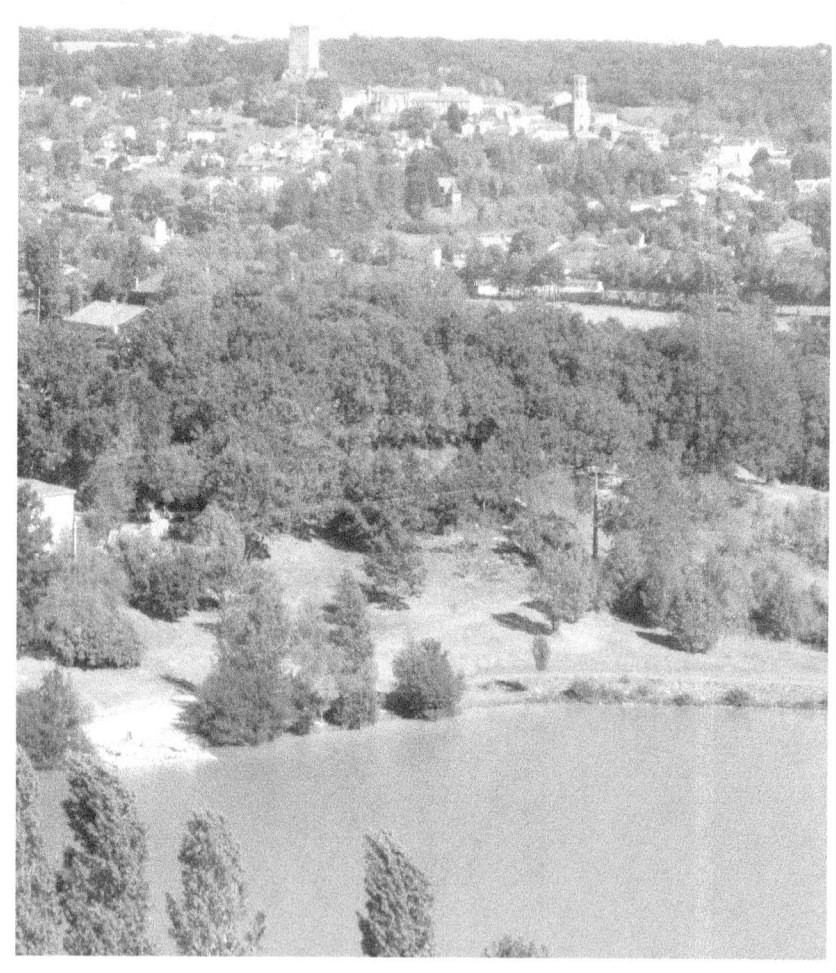

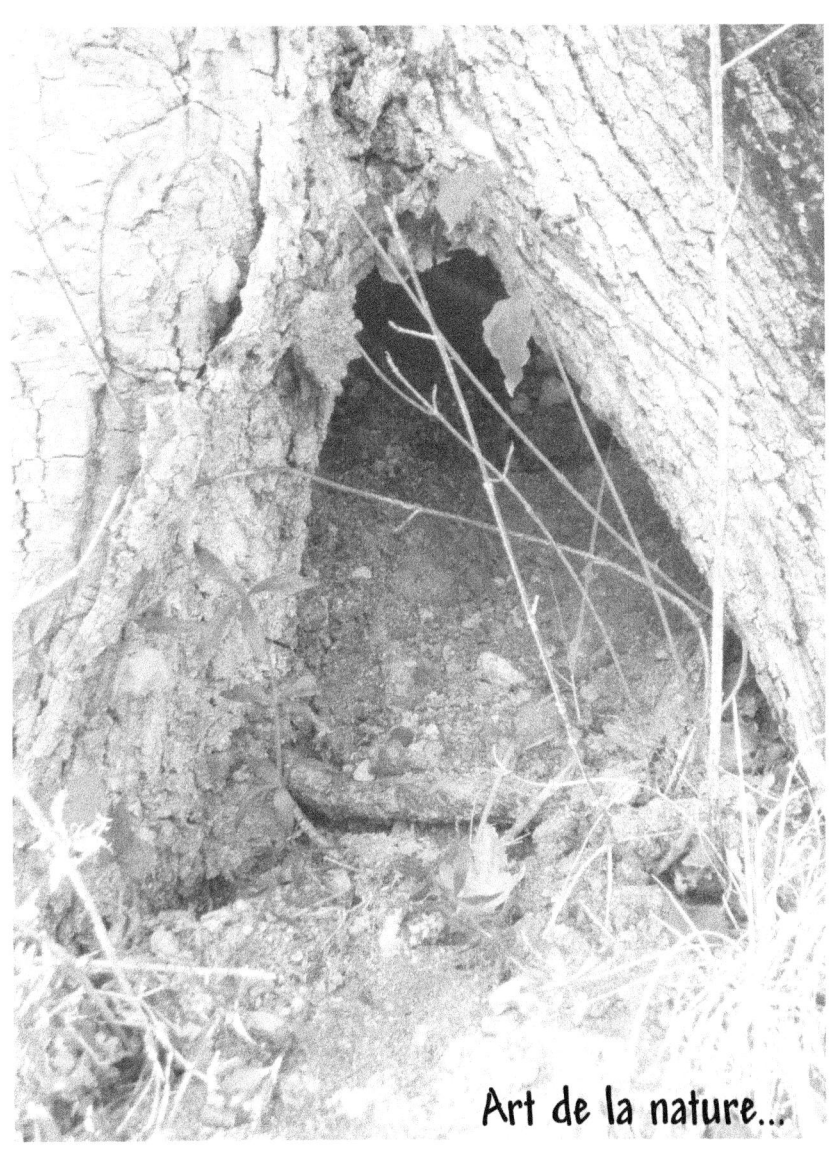

Art de la nature...

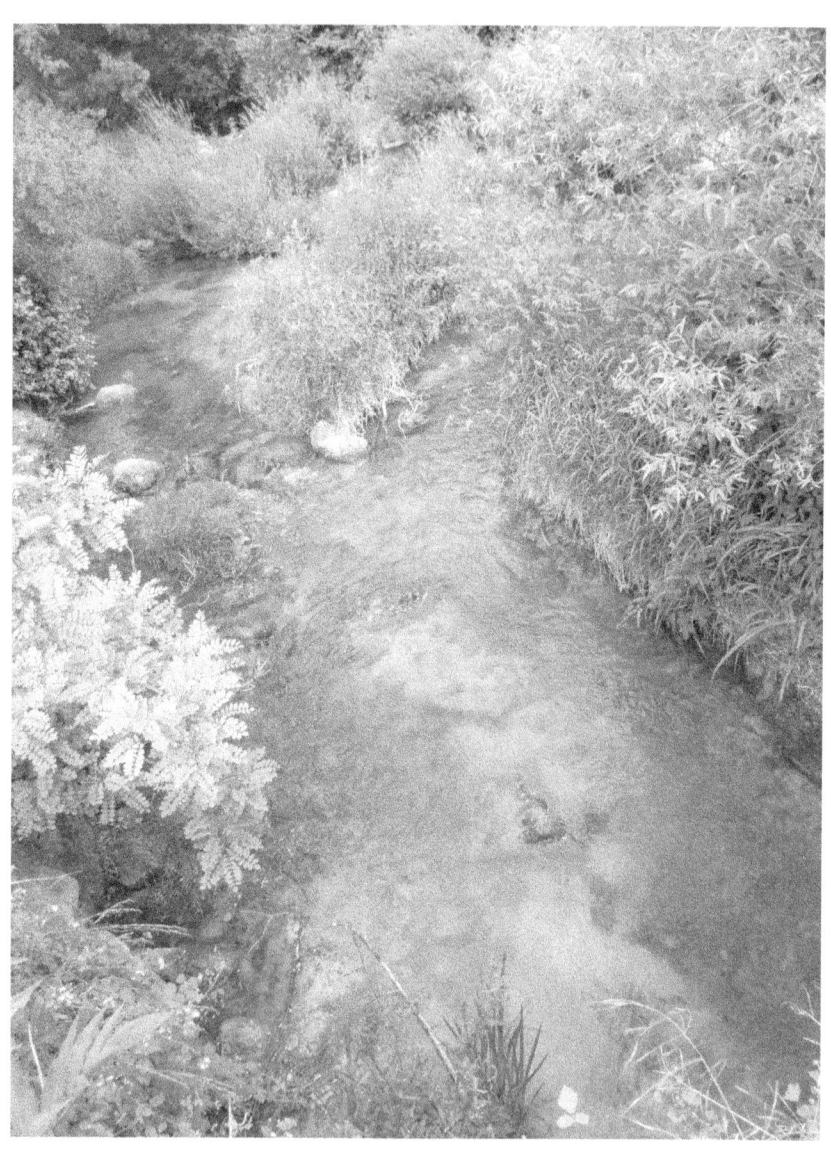

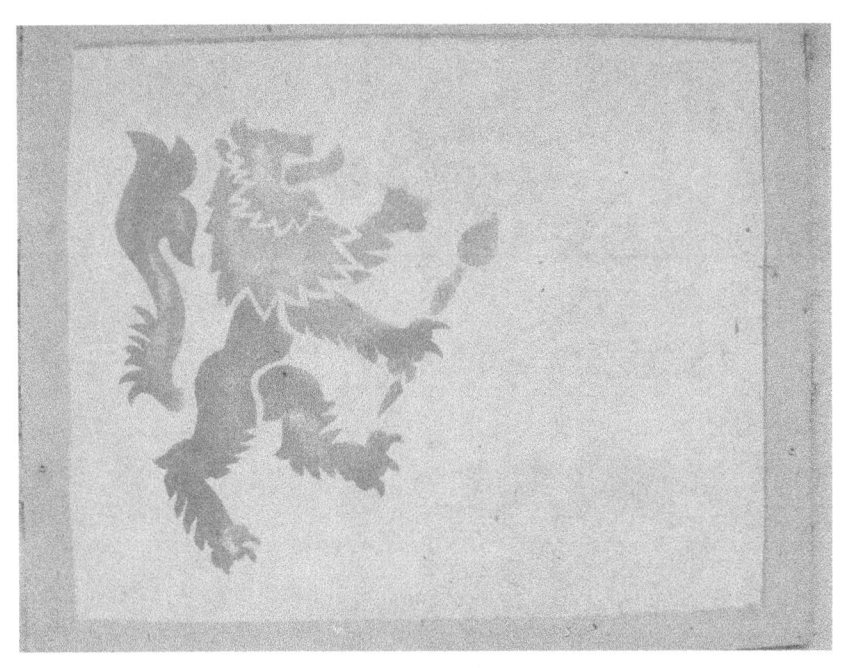

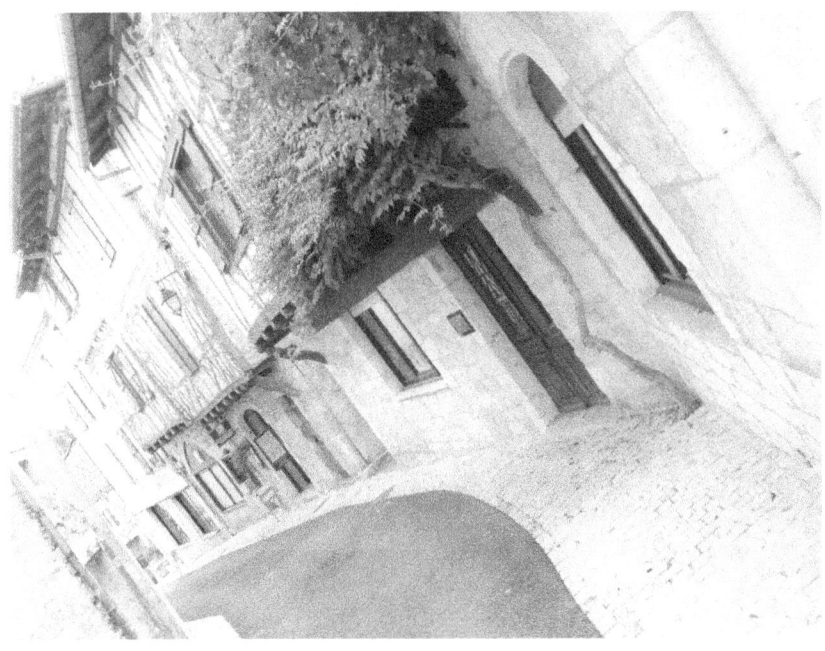

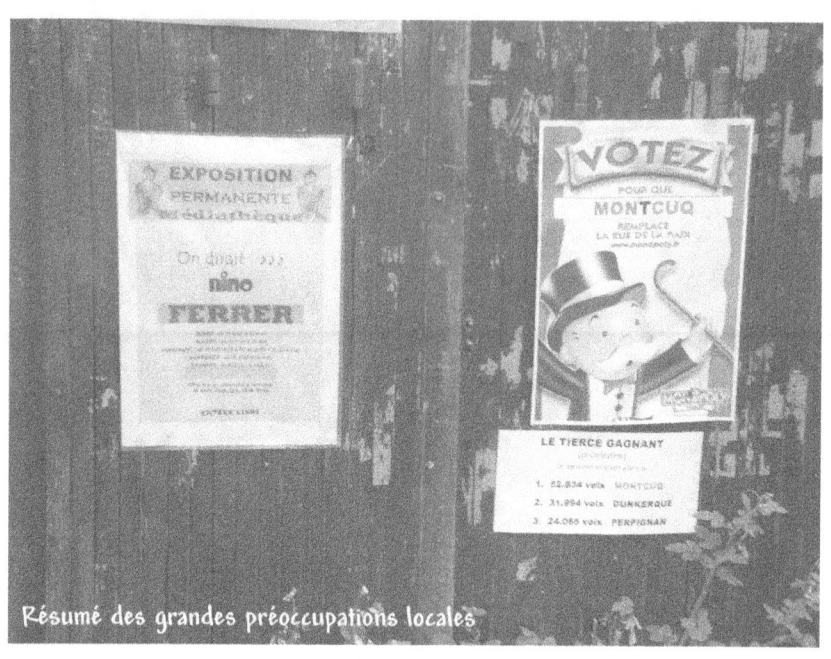

Résumé des grandes préoccupations locales

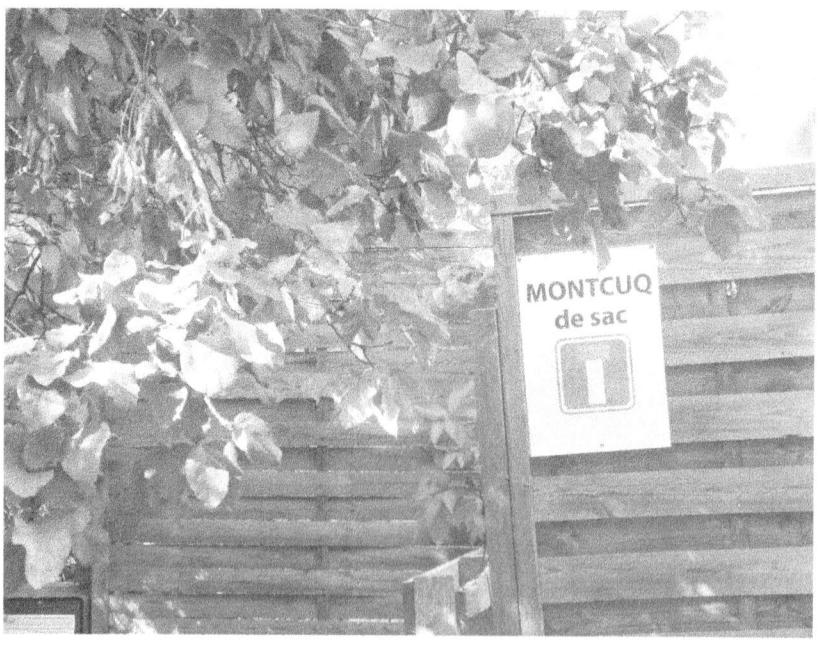

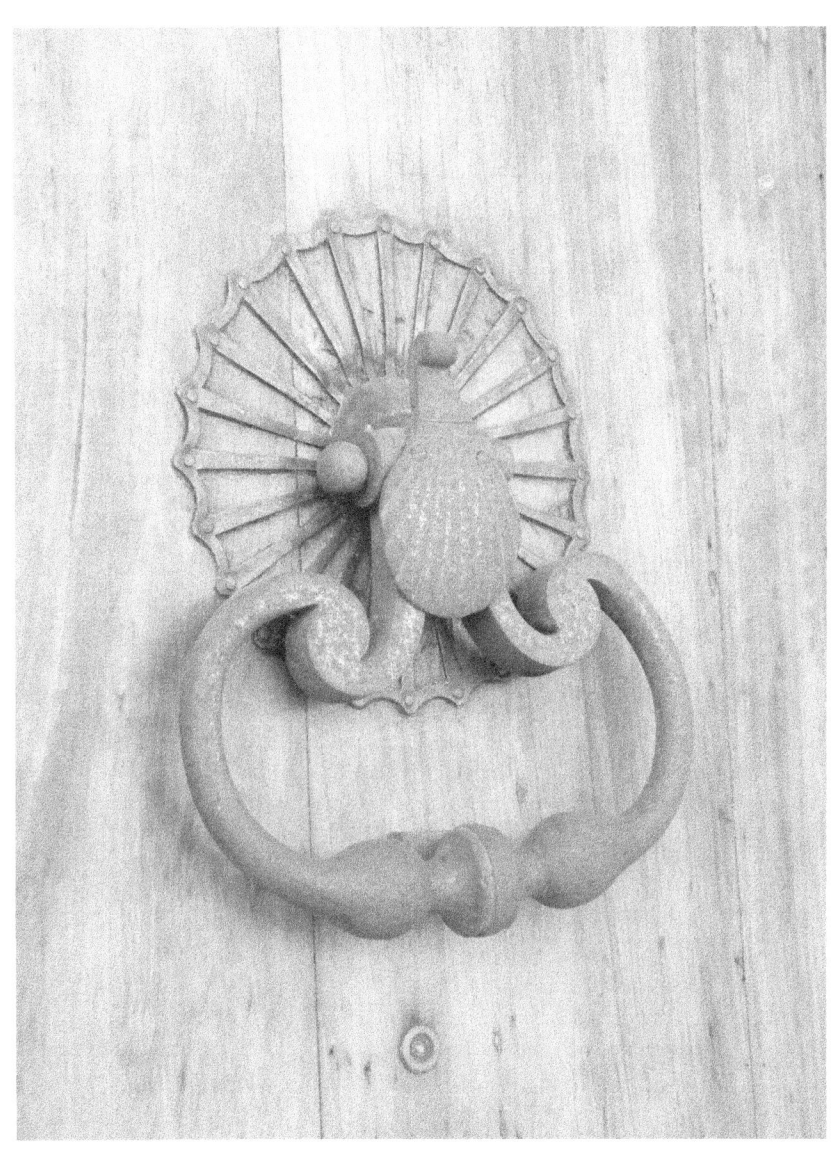

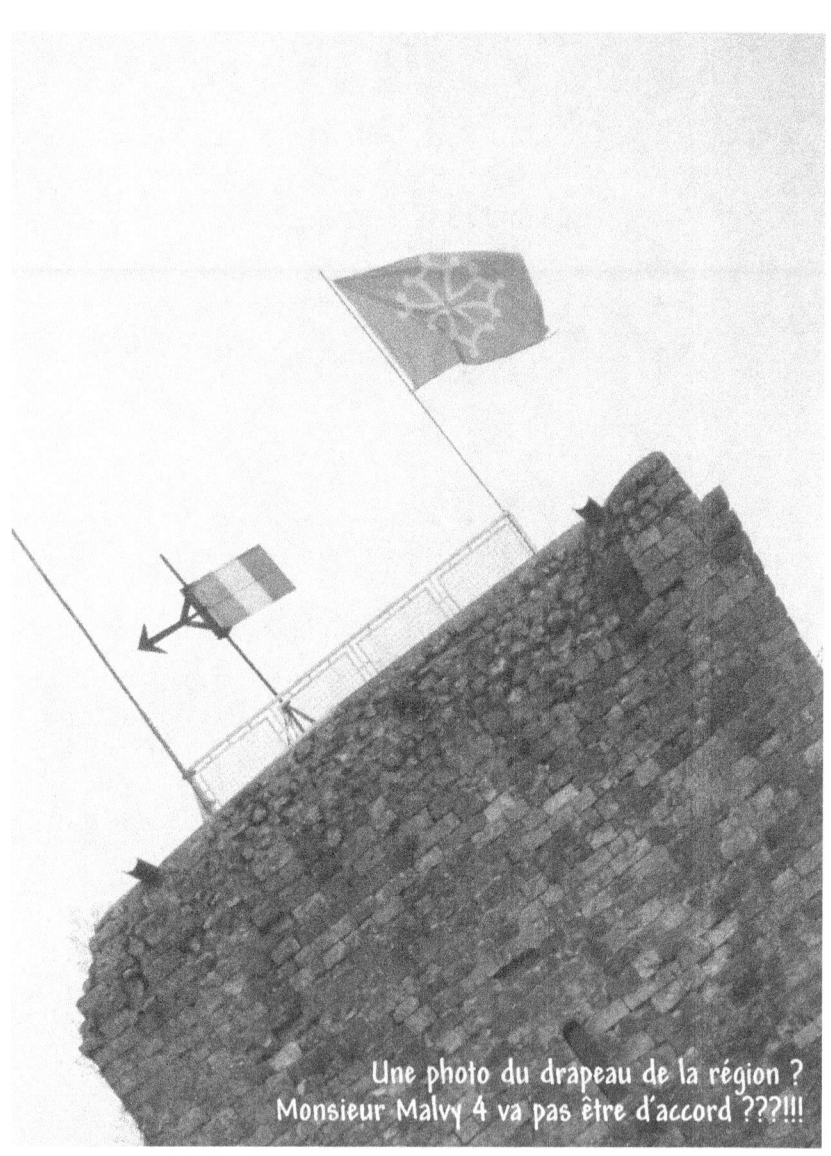

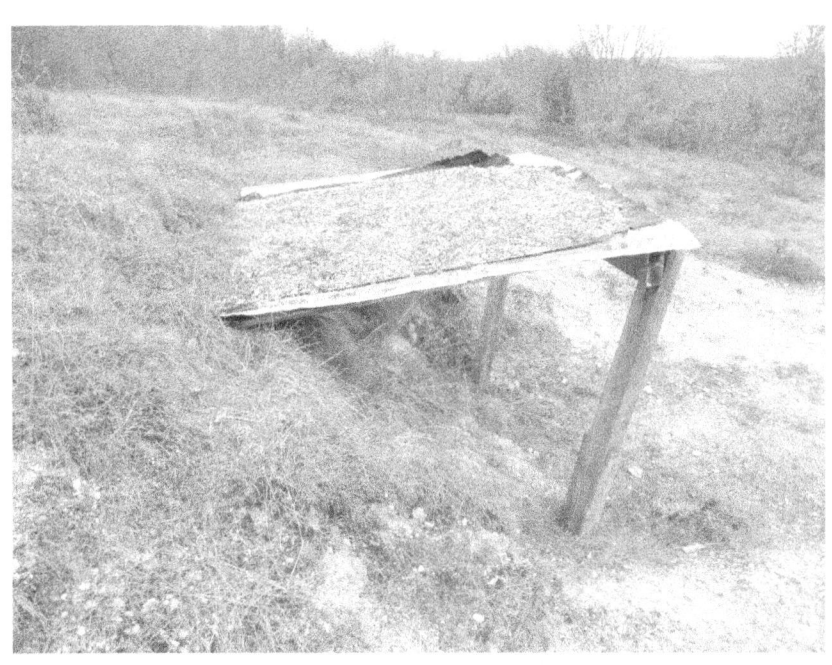

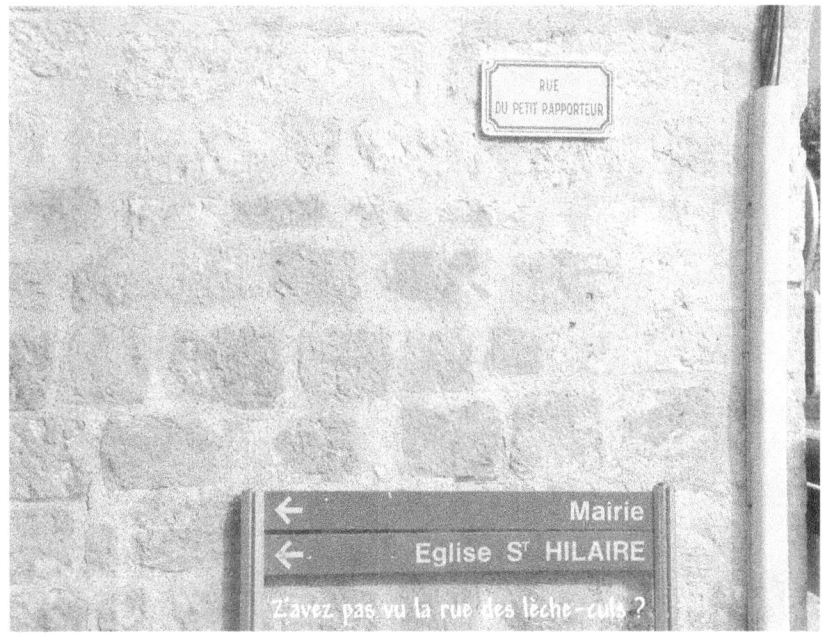

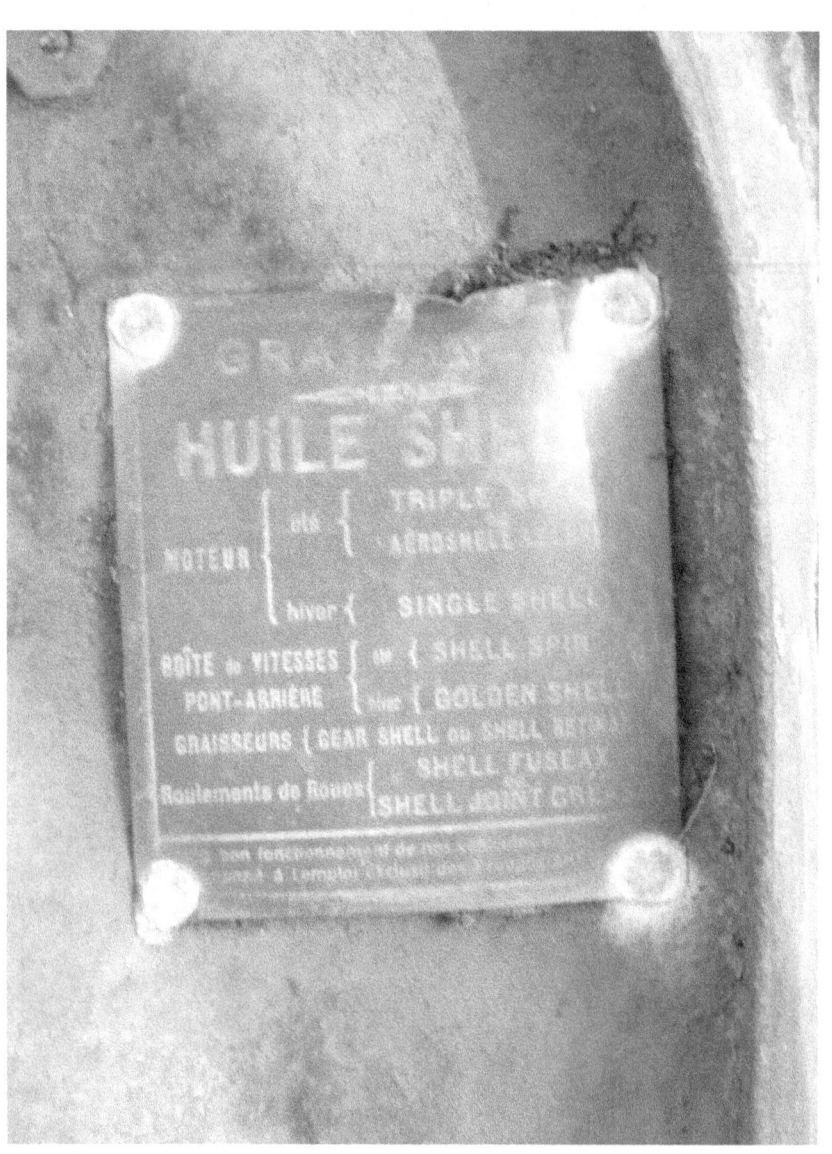

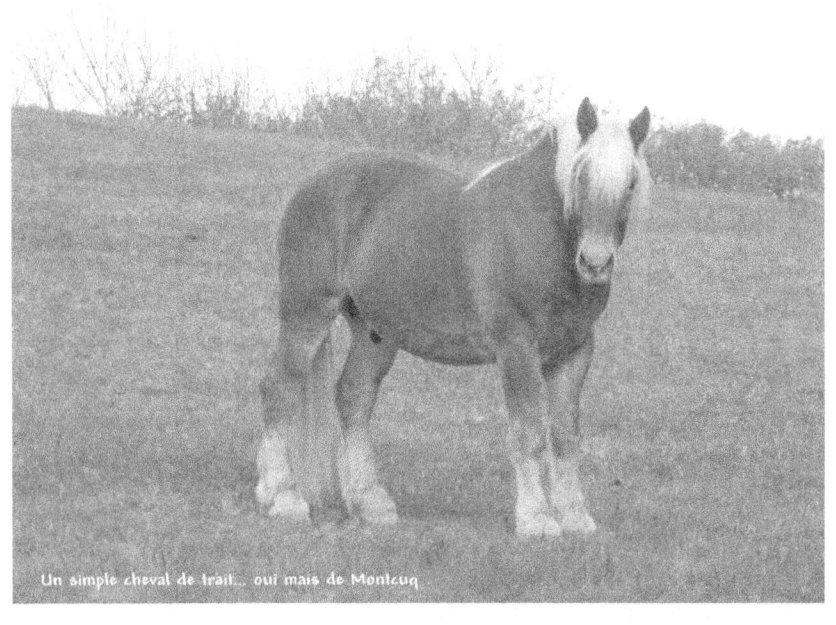
Un simple cheval de trait... oui mais de Montcuq

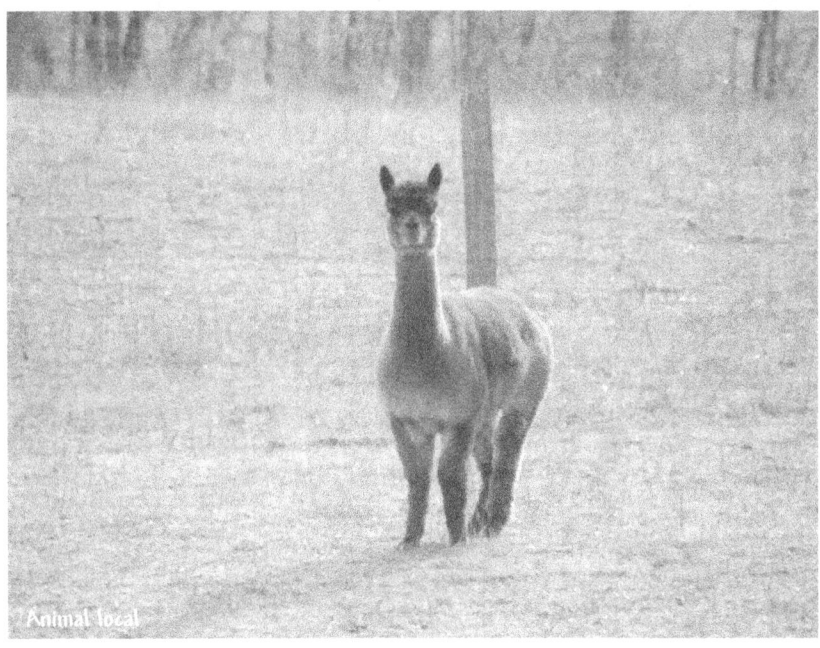
Animal local

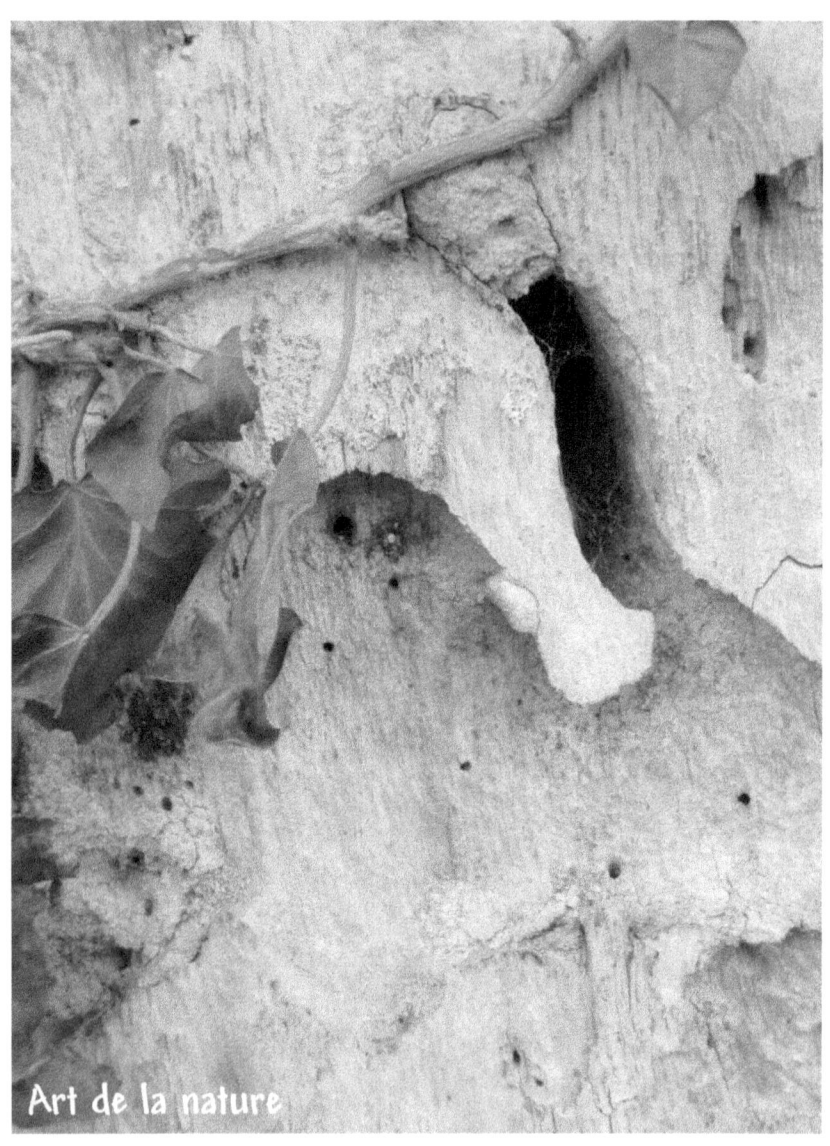

Art de la nature

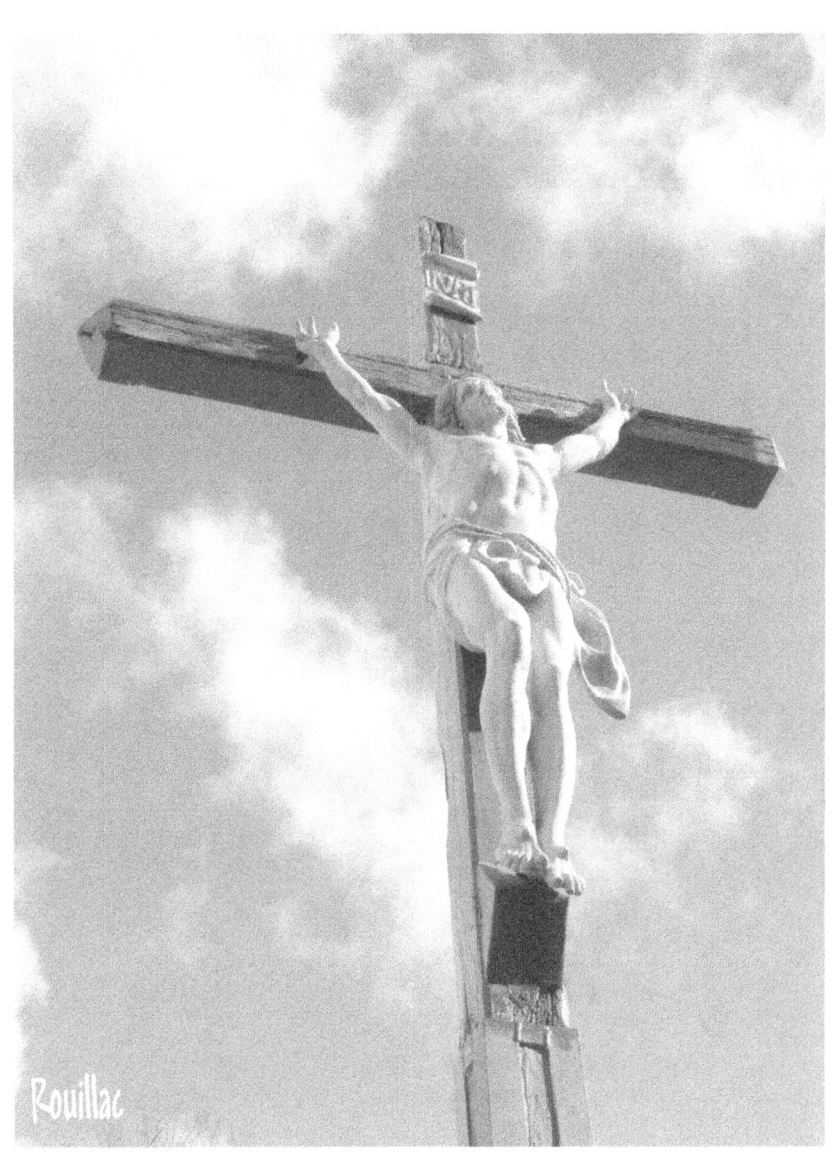

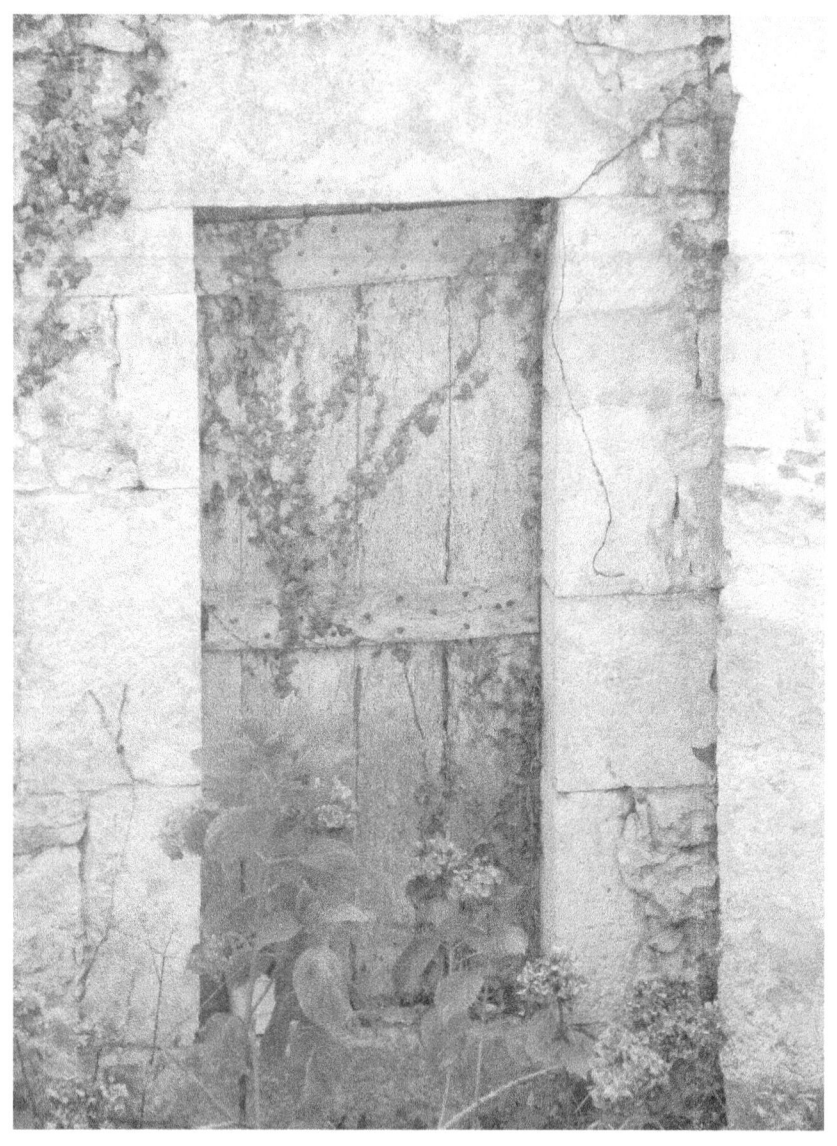

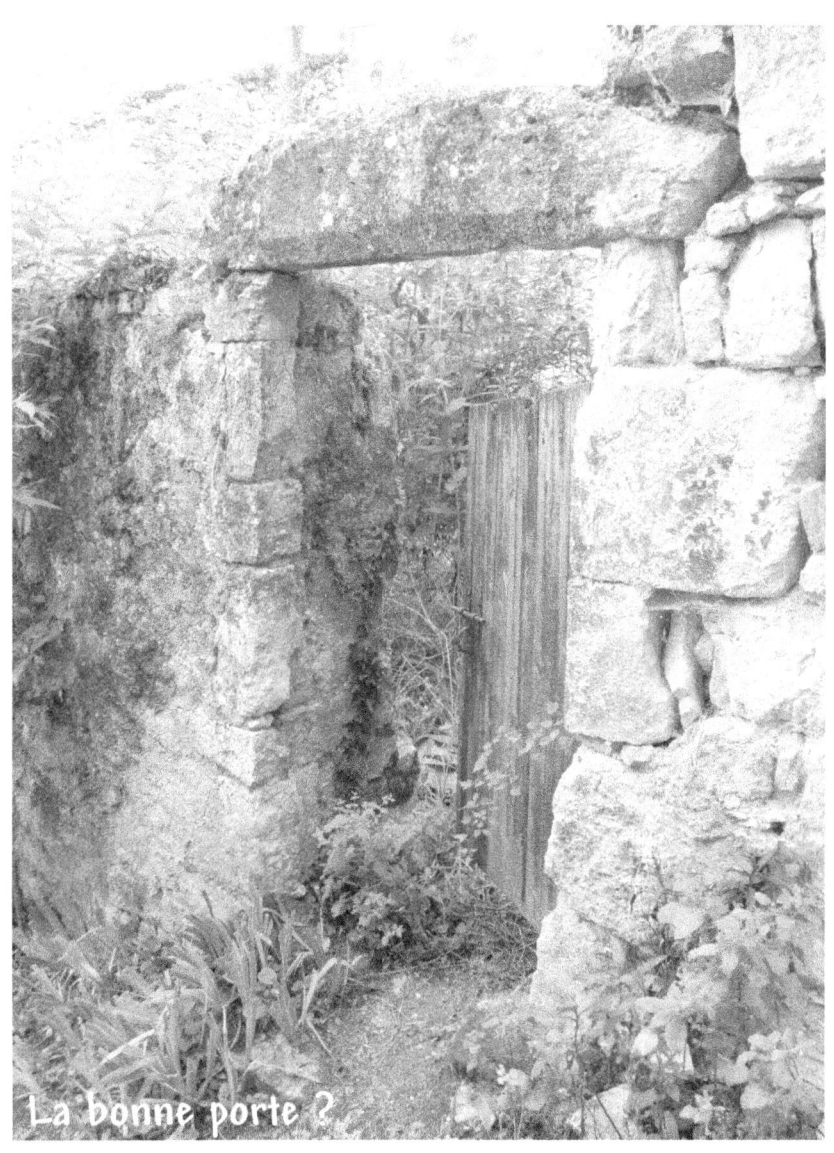

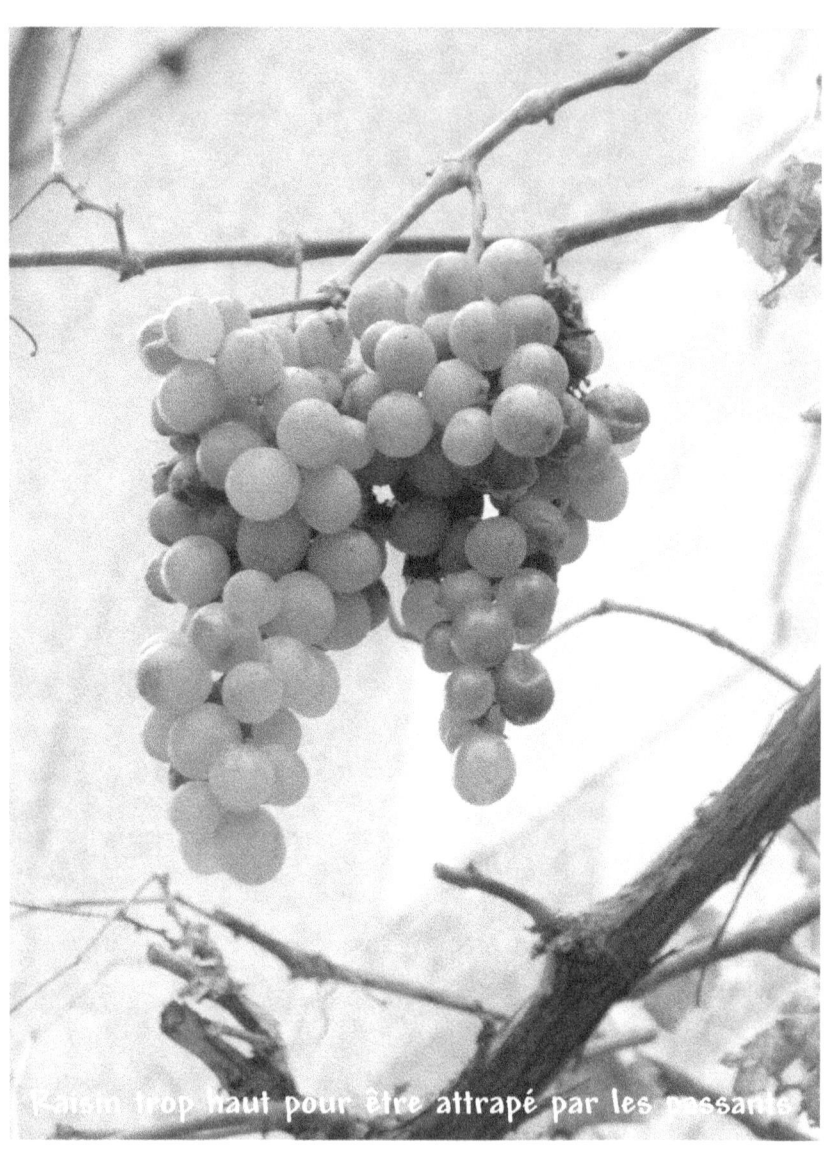
Raisin trop haut pour être attrapé par les passants

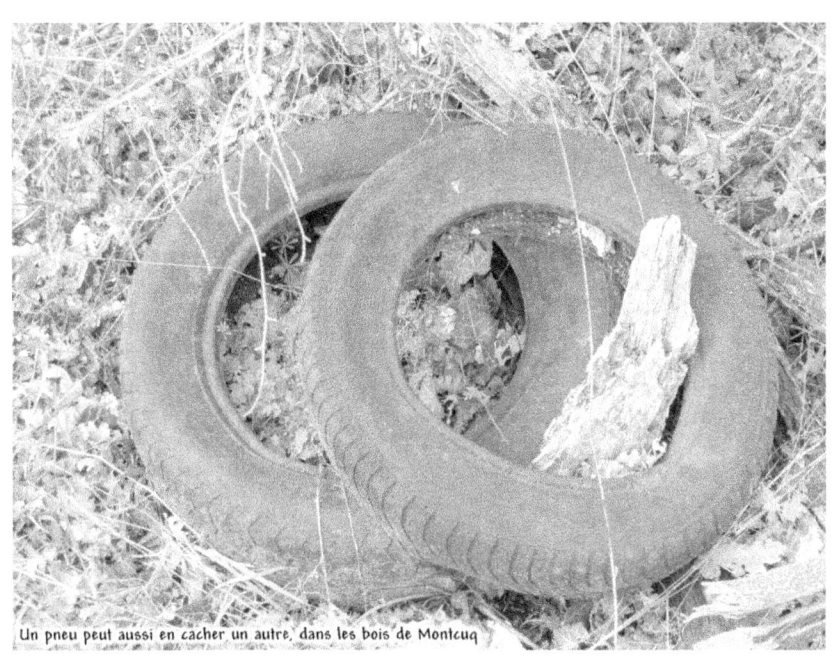
Un pneu peut aussi en cacher un autre, dans les bois de Montcuq

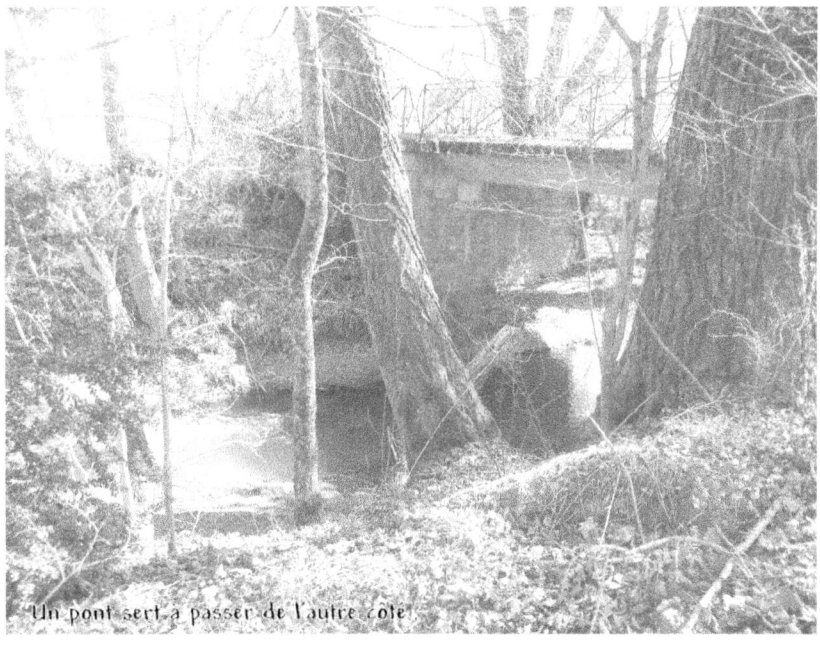
Un pont sert à passer de l'autre côté

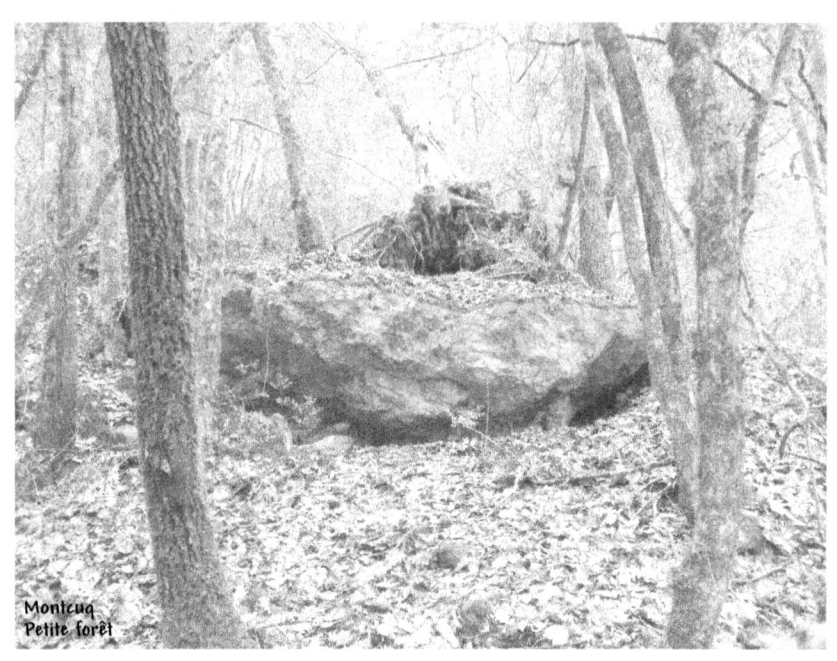

Montcuq
Petite forêt

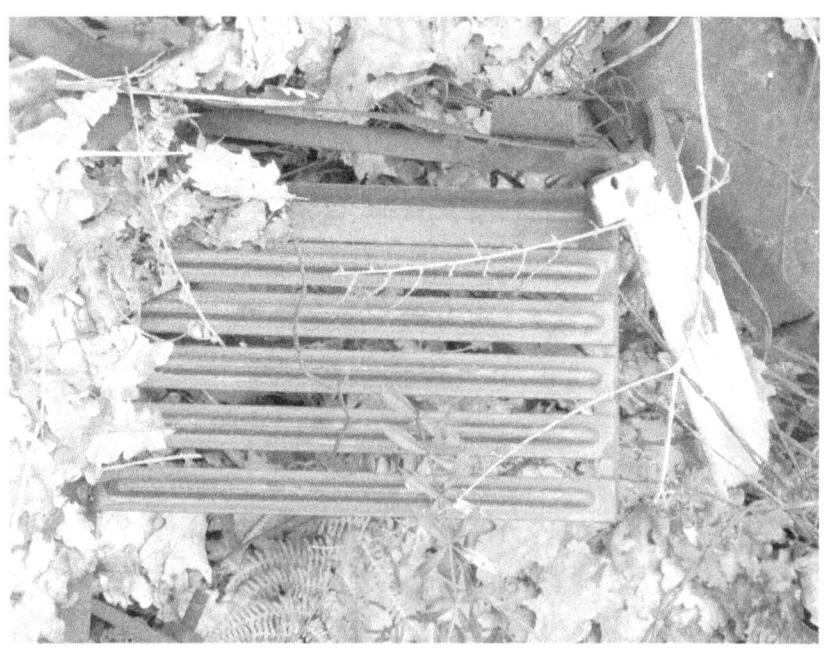

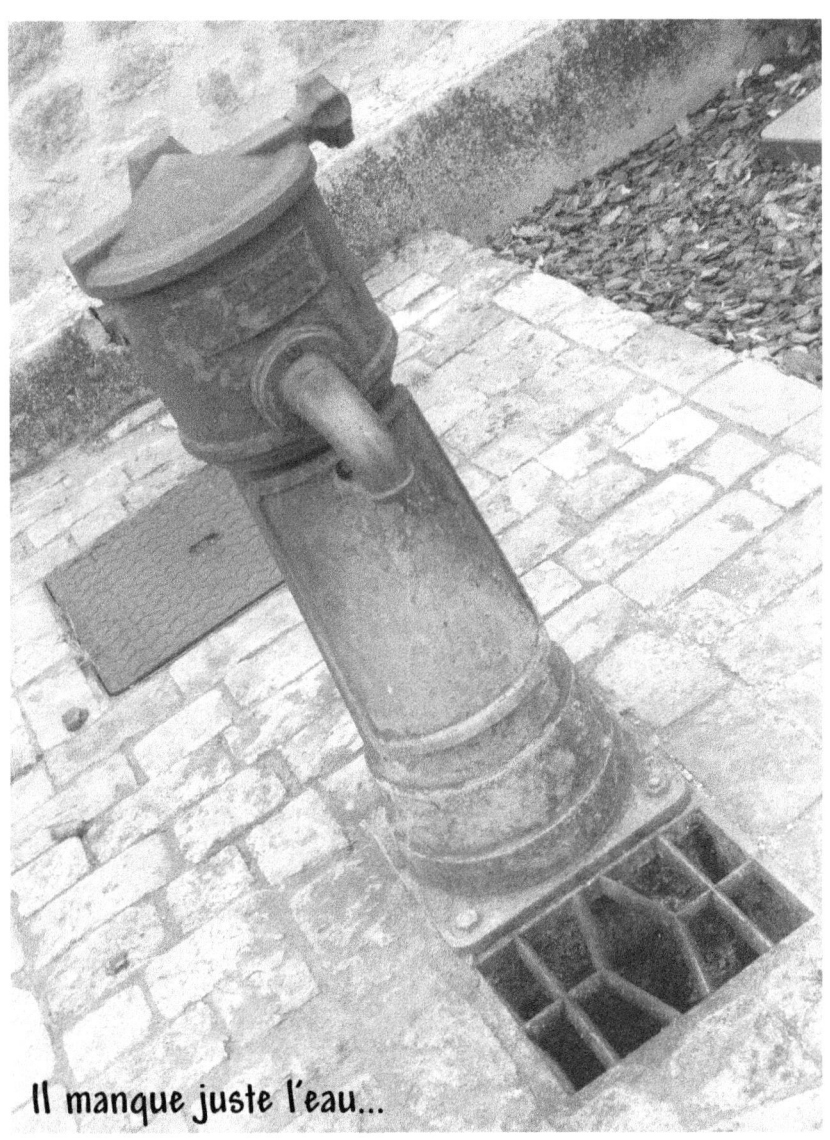
Il manque juste l'eau...

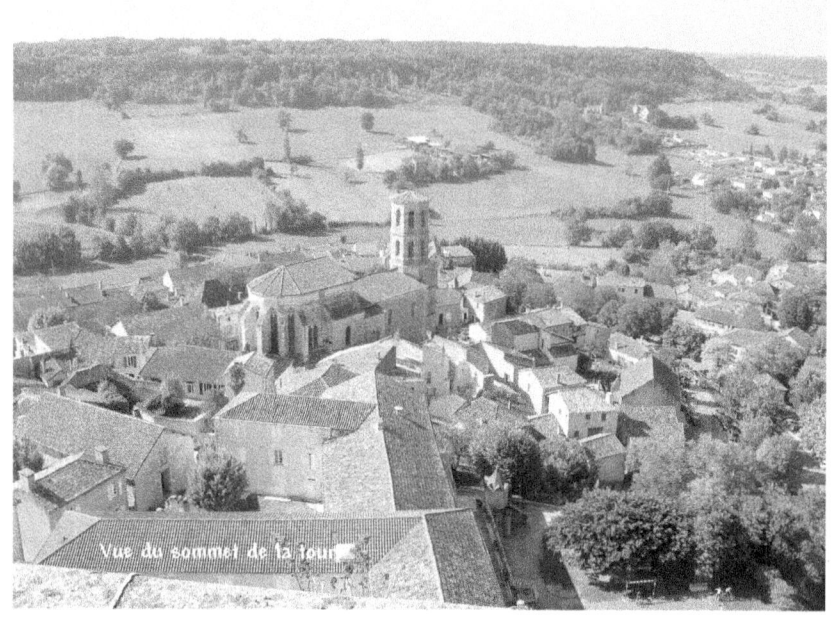
Vue du sommet de la tour

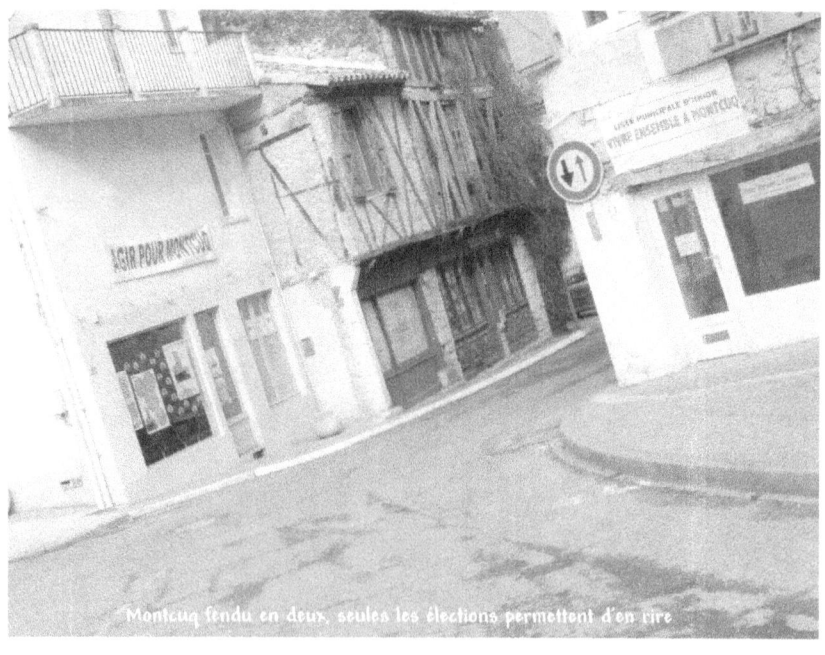
Montcuq fendu en deux, seules les élections permettent d'en rire

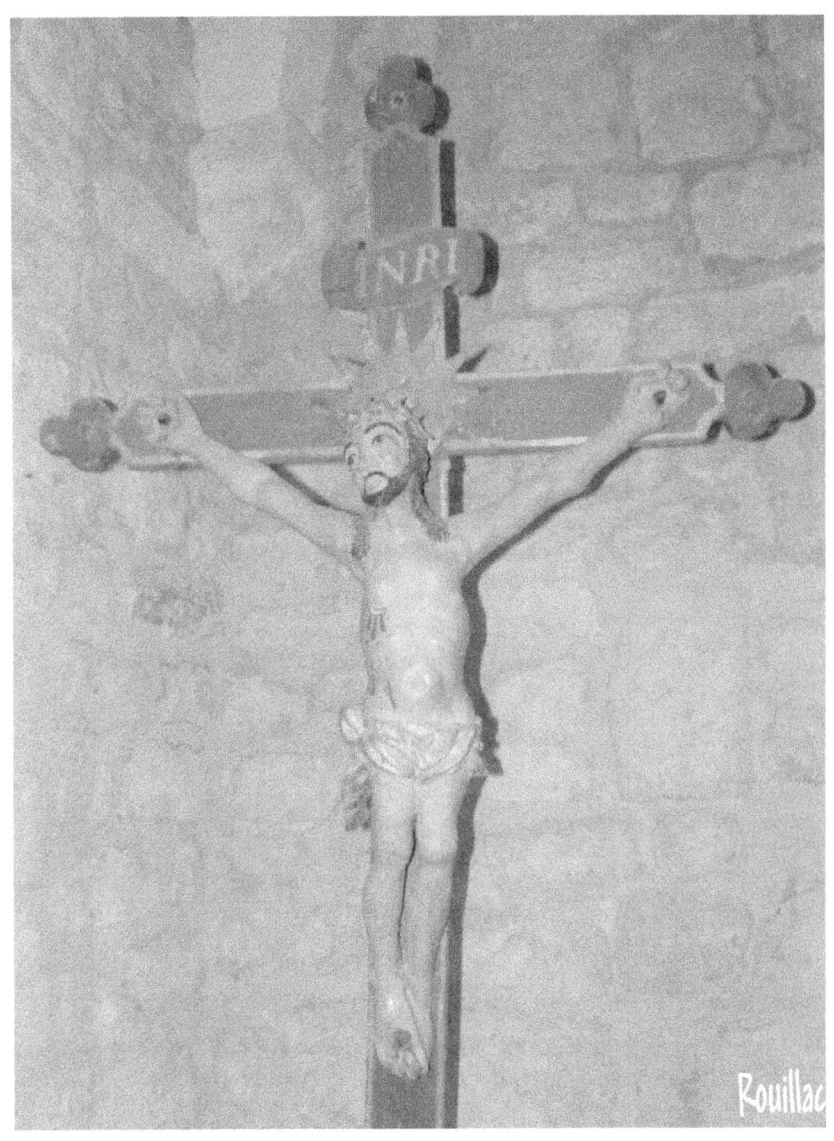

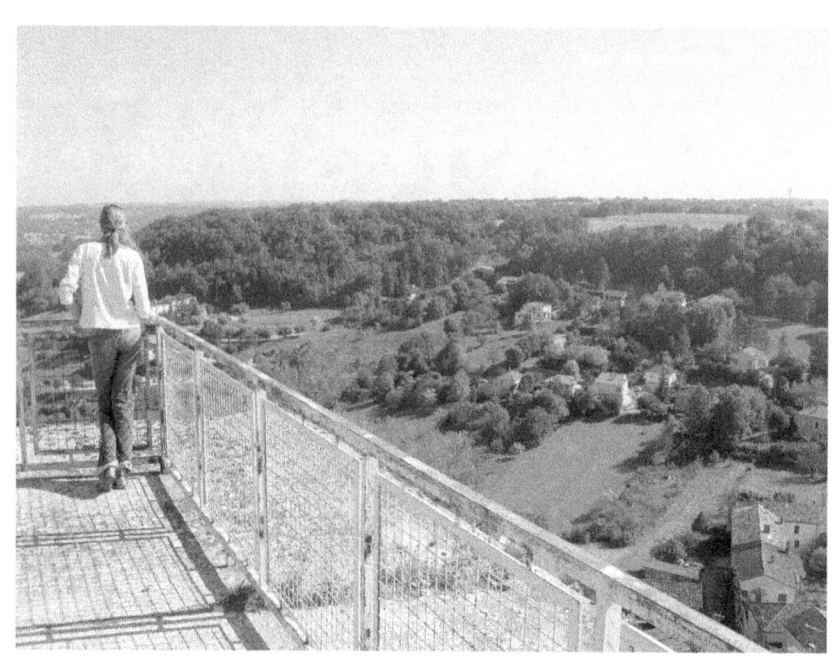

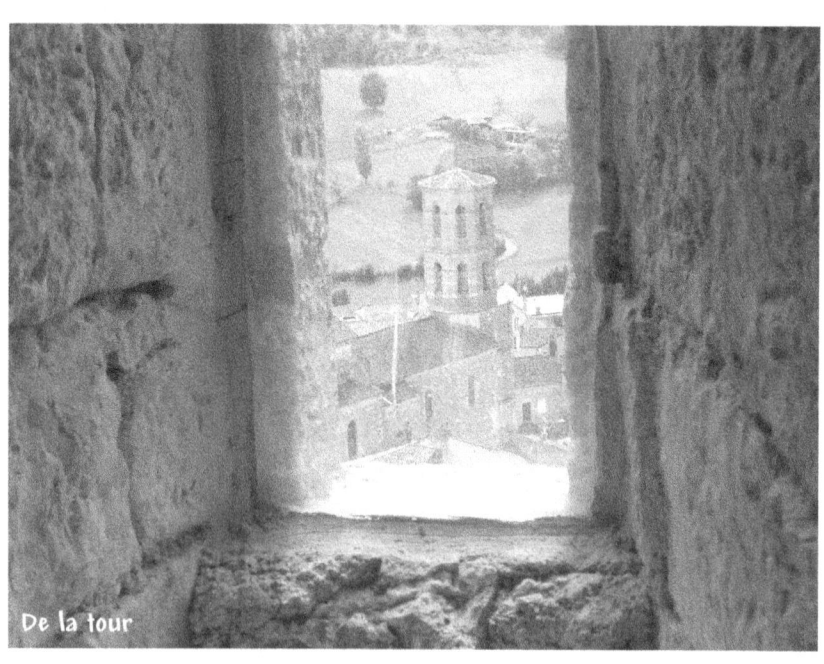

De la tour

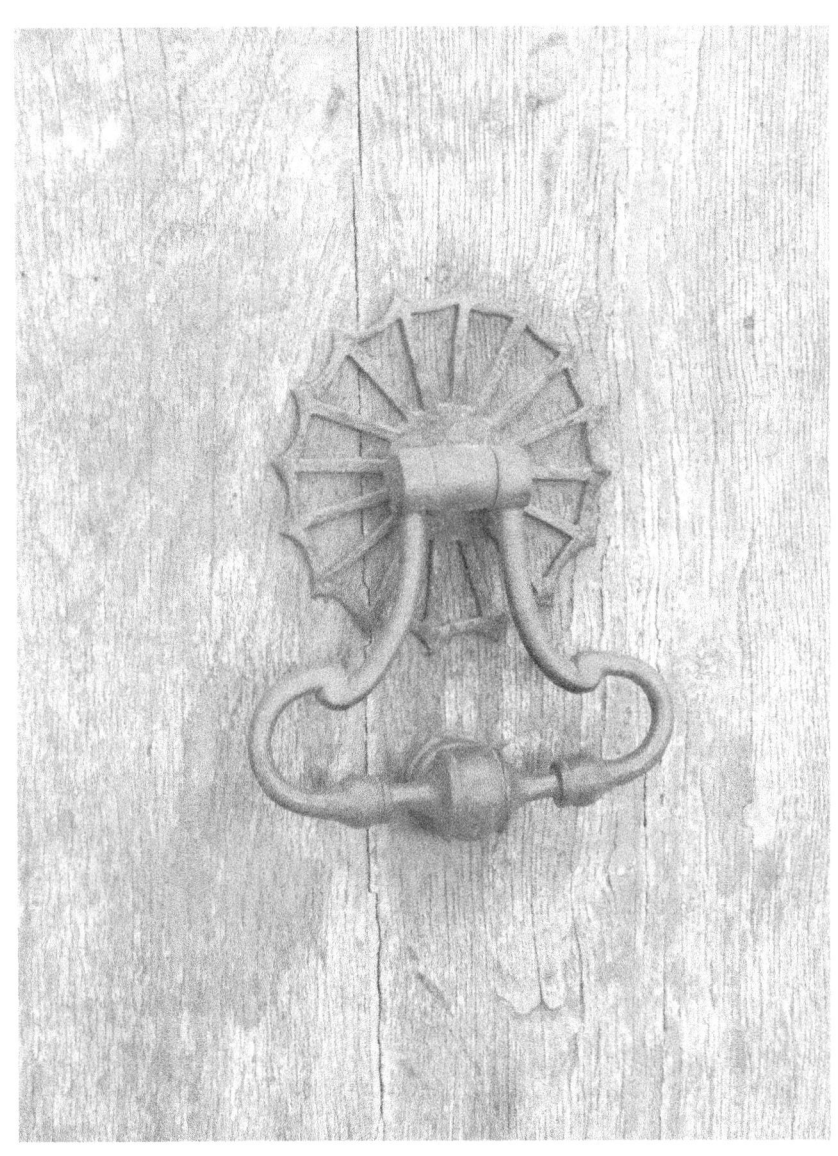

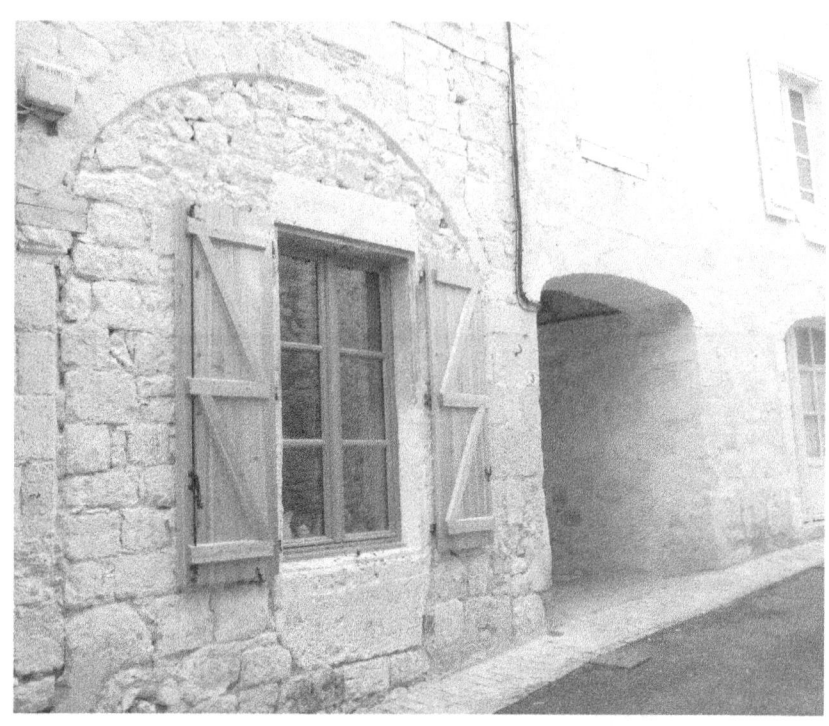
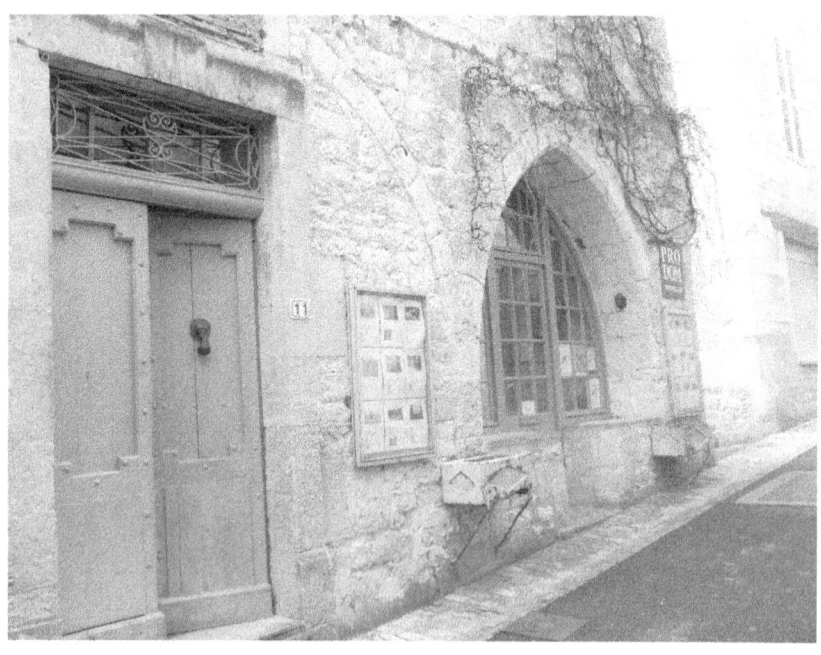

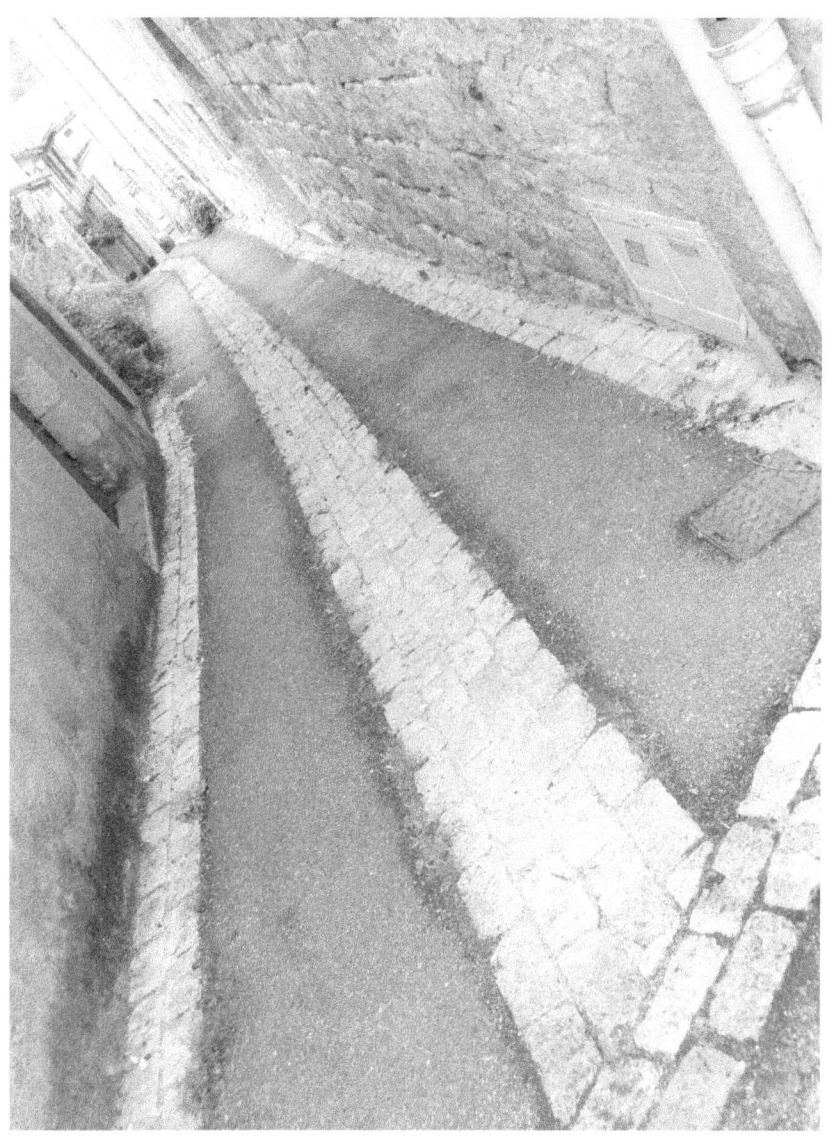

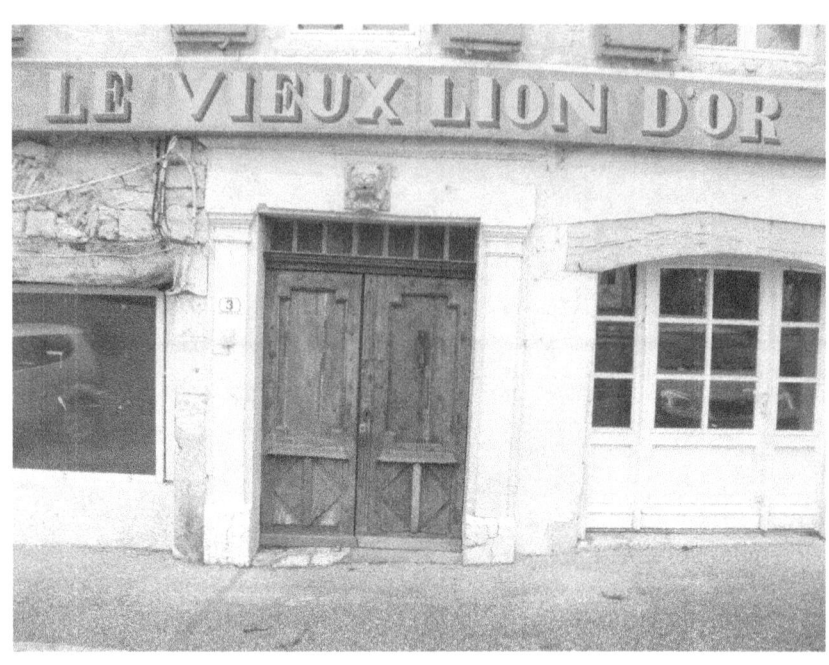

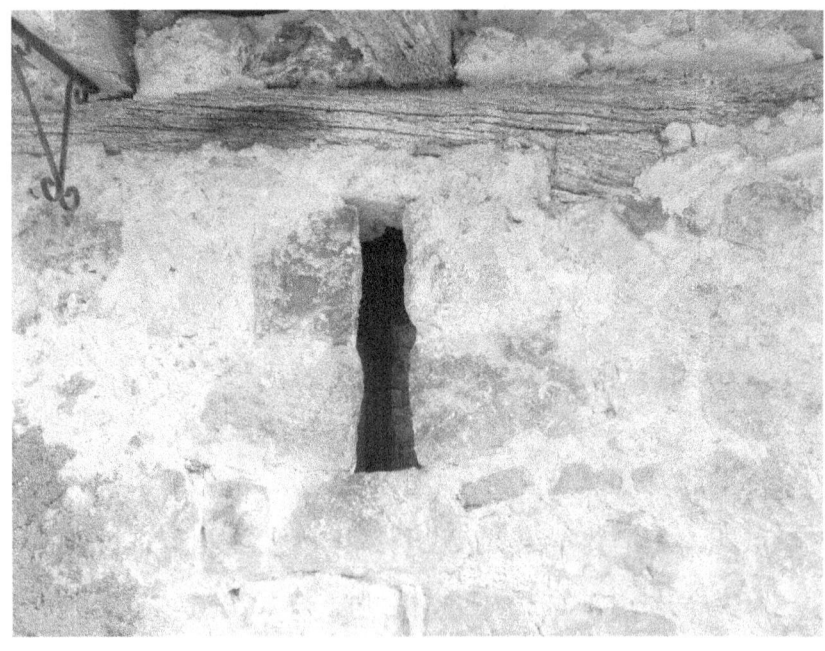

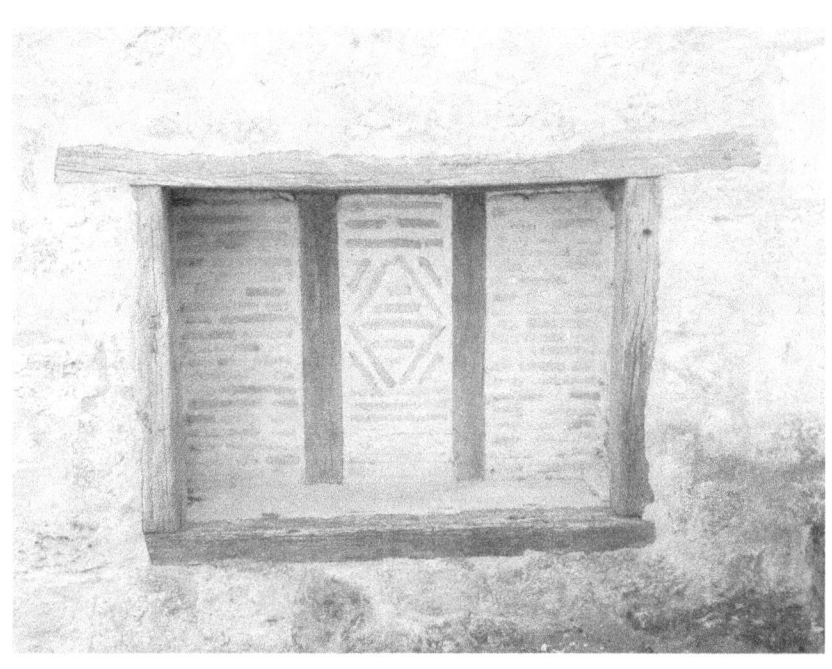

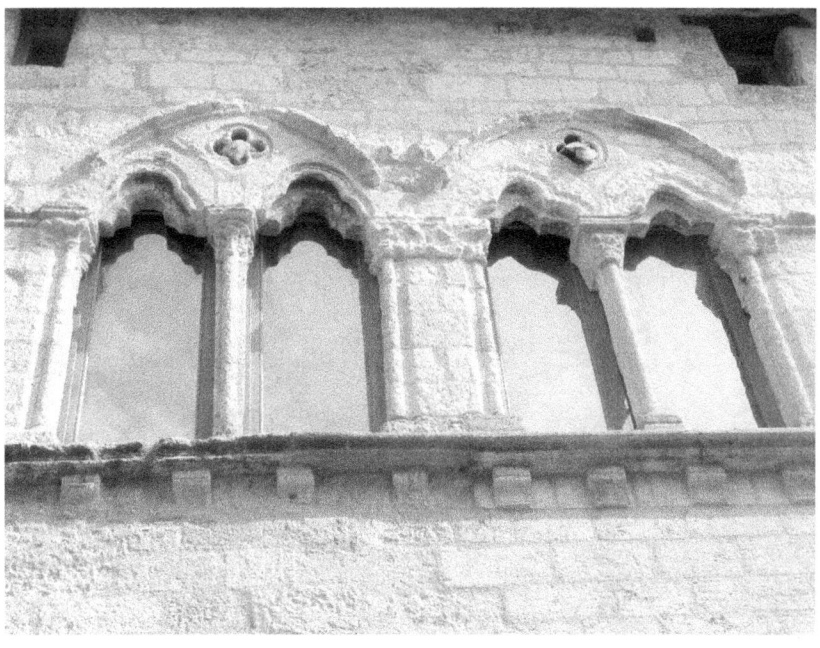

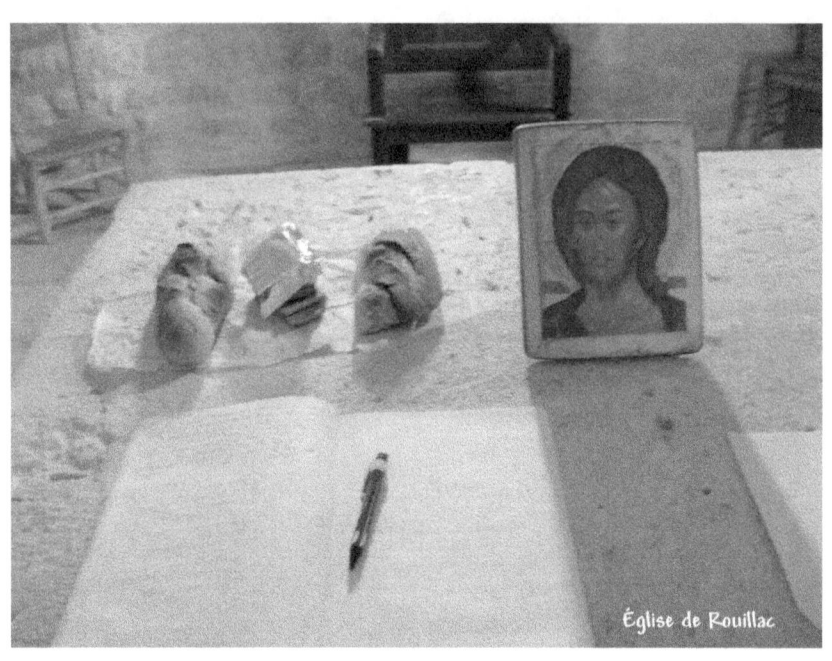

Église de Rouillac

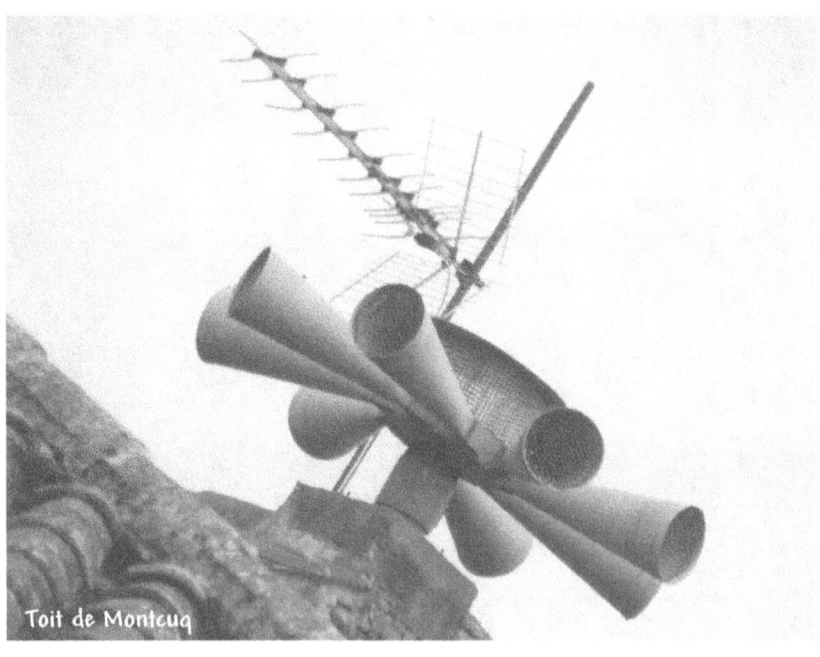

Toit de Montcuq

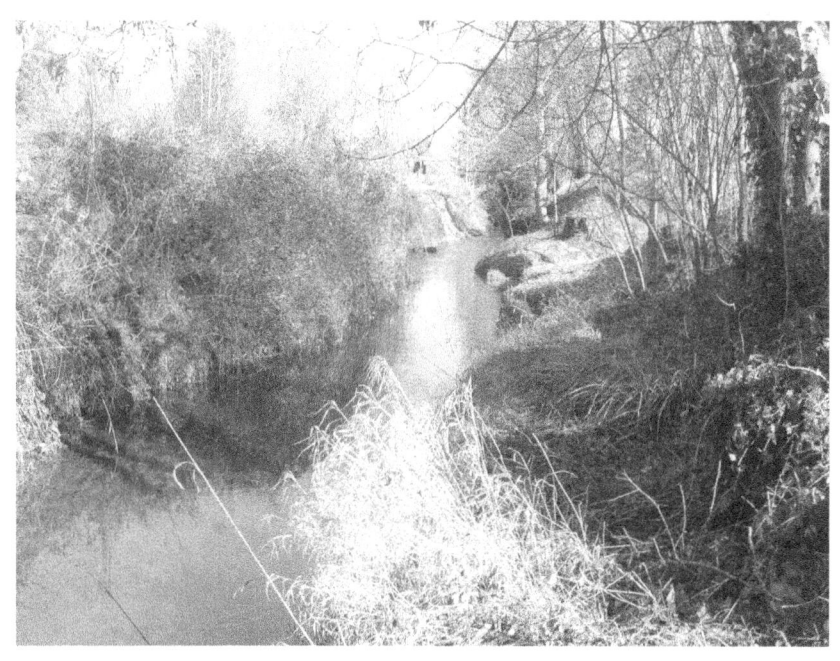

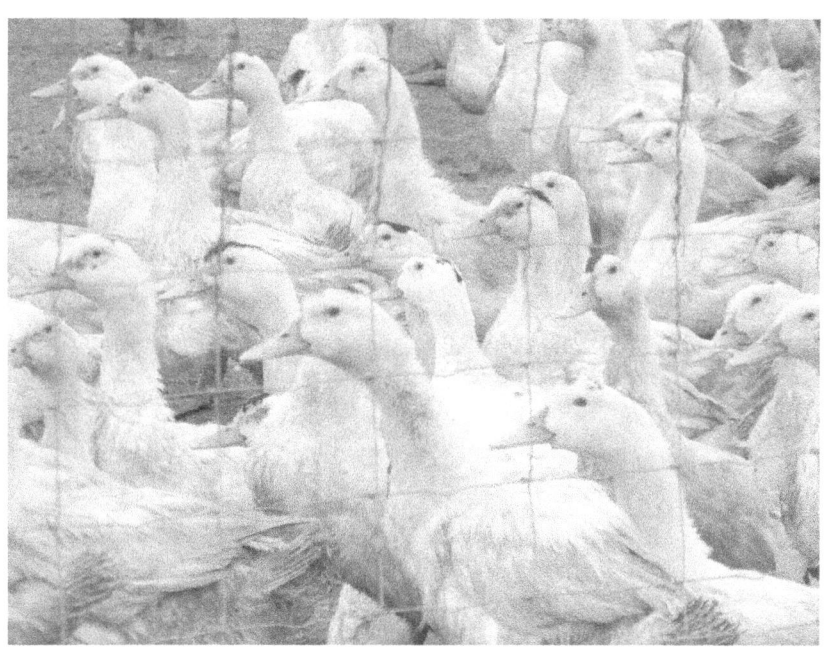

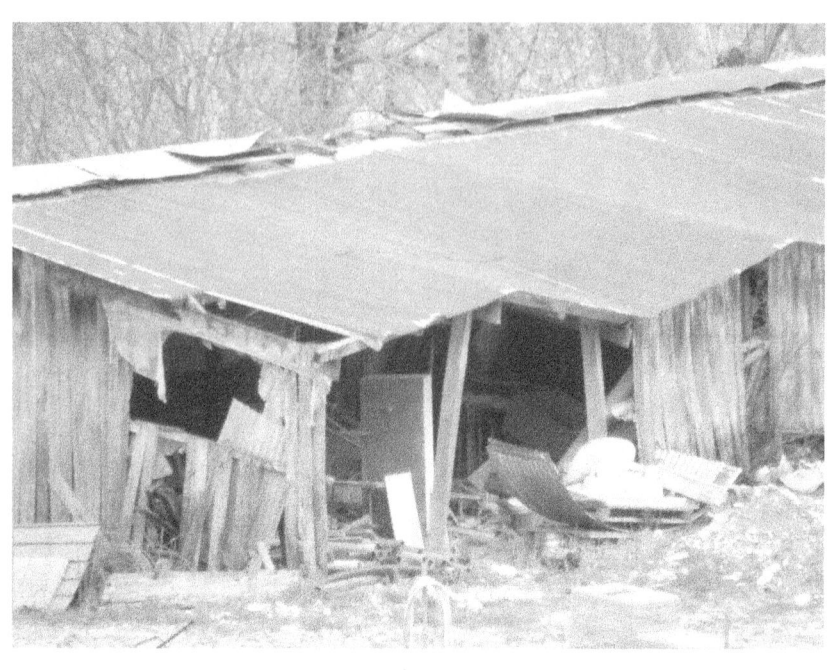

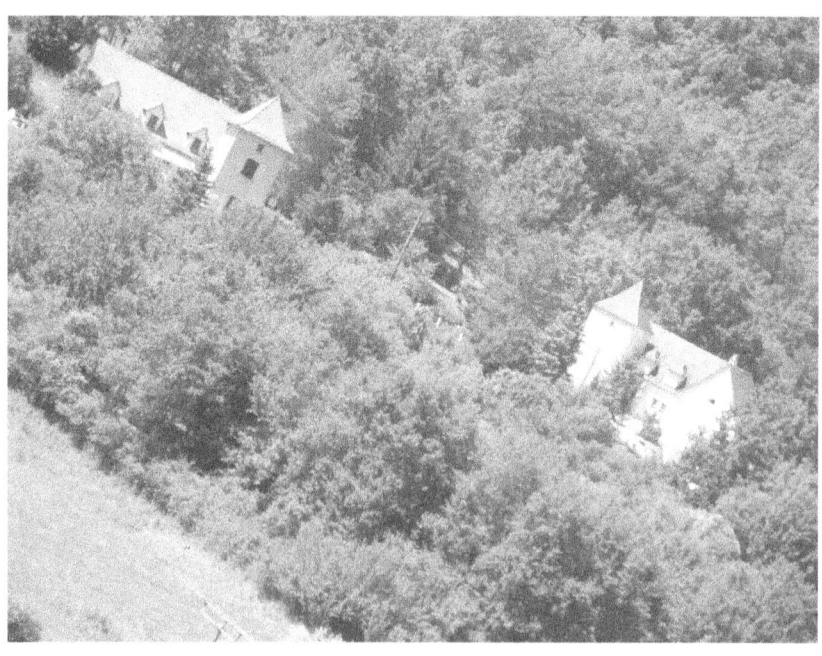

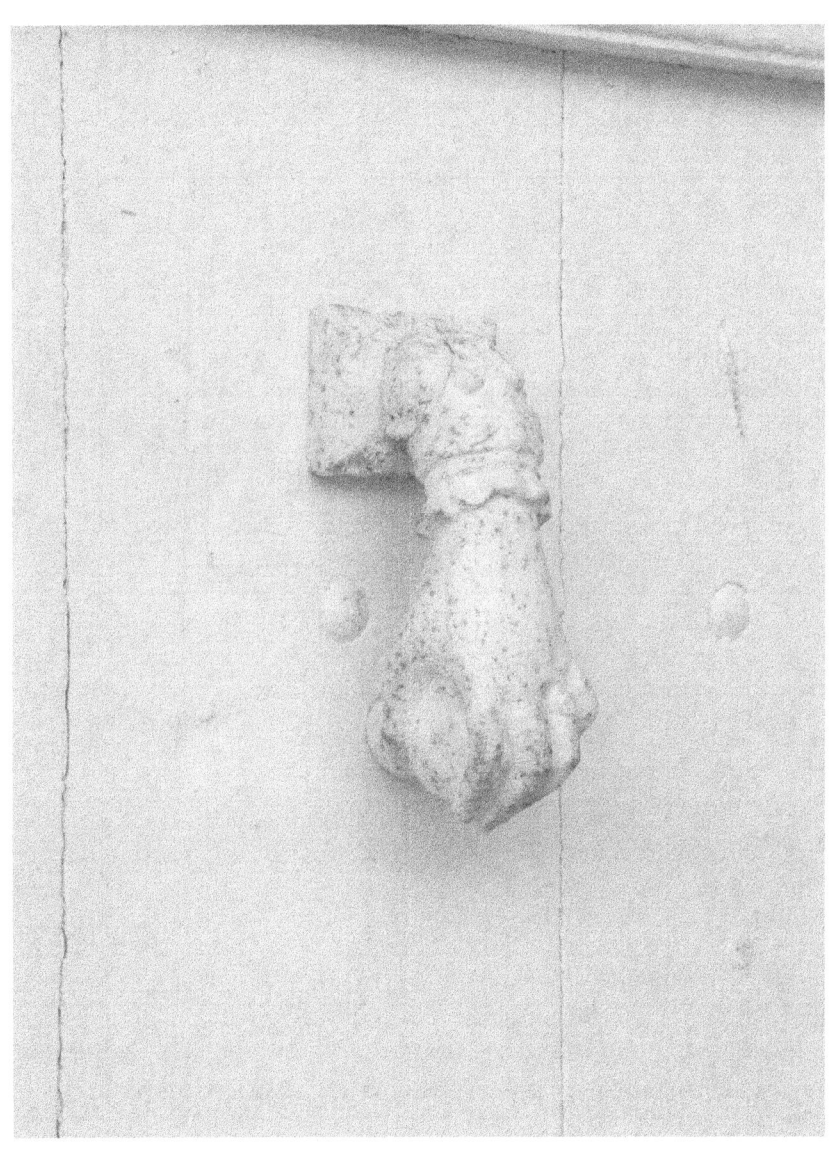

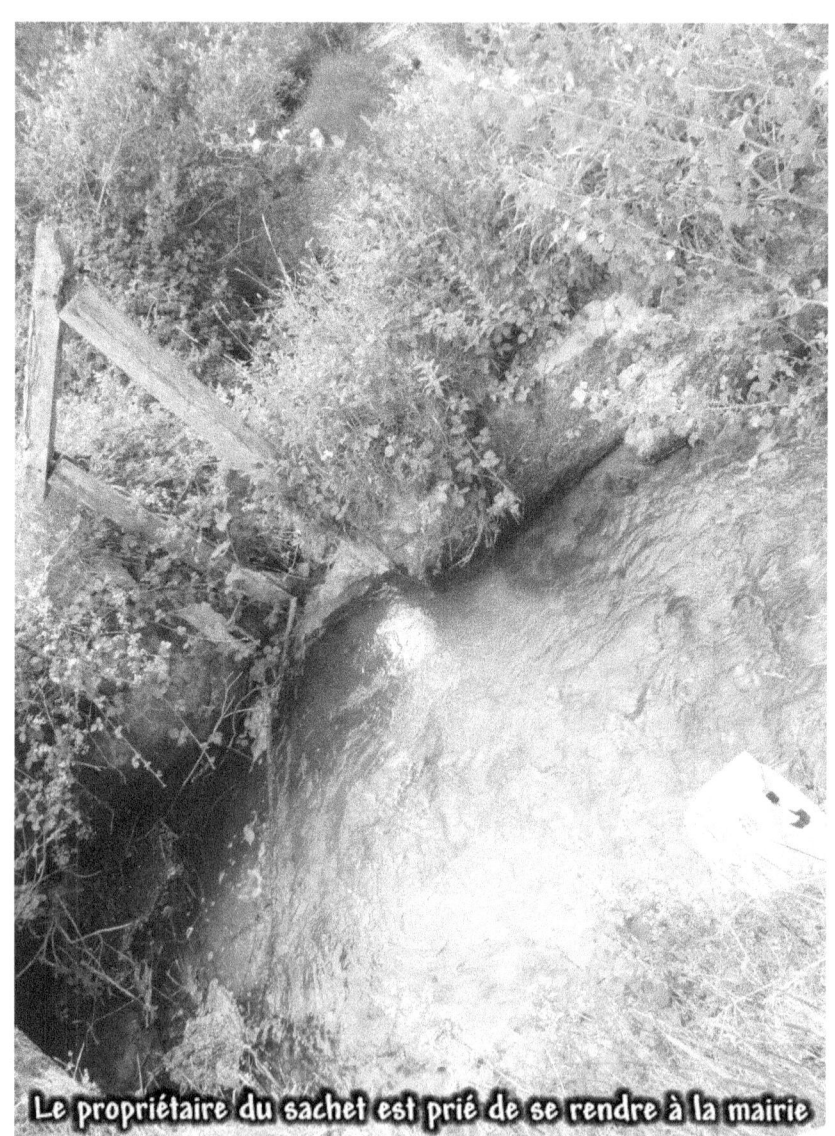

Le propriétaire du sachet est prié de se rendre à la mairie

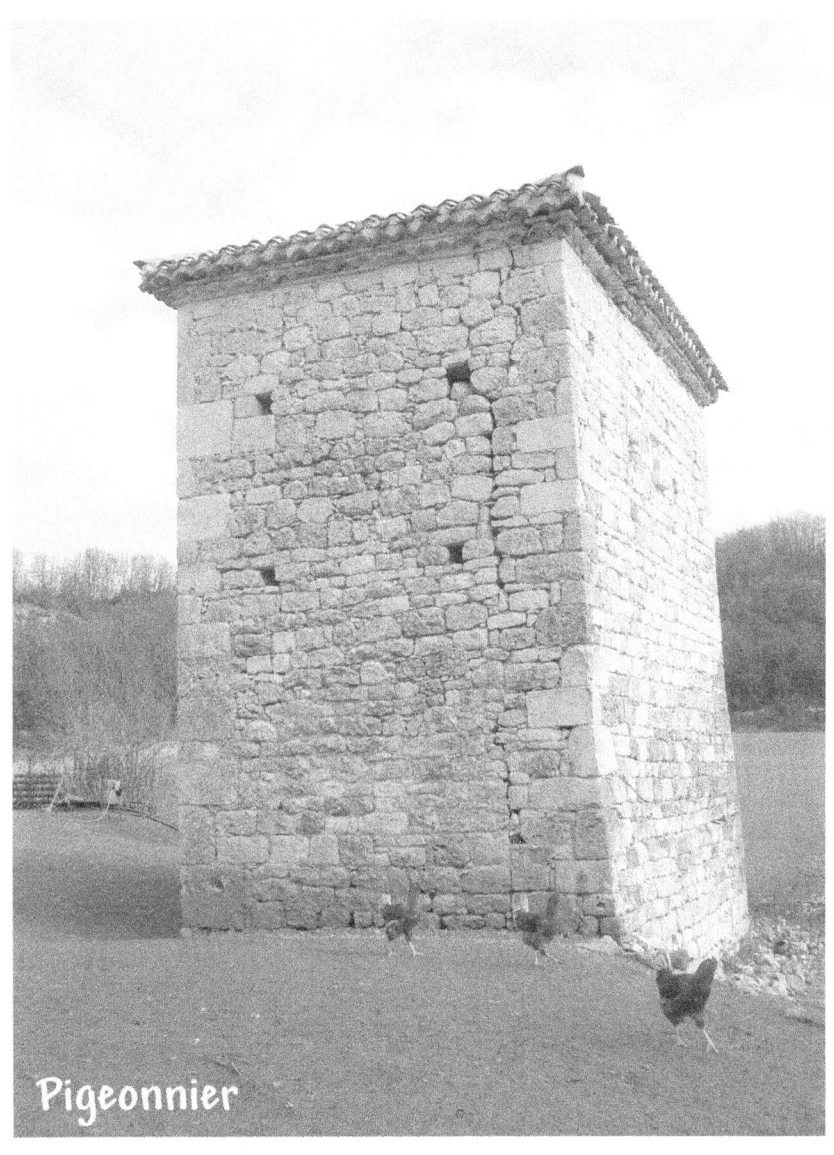

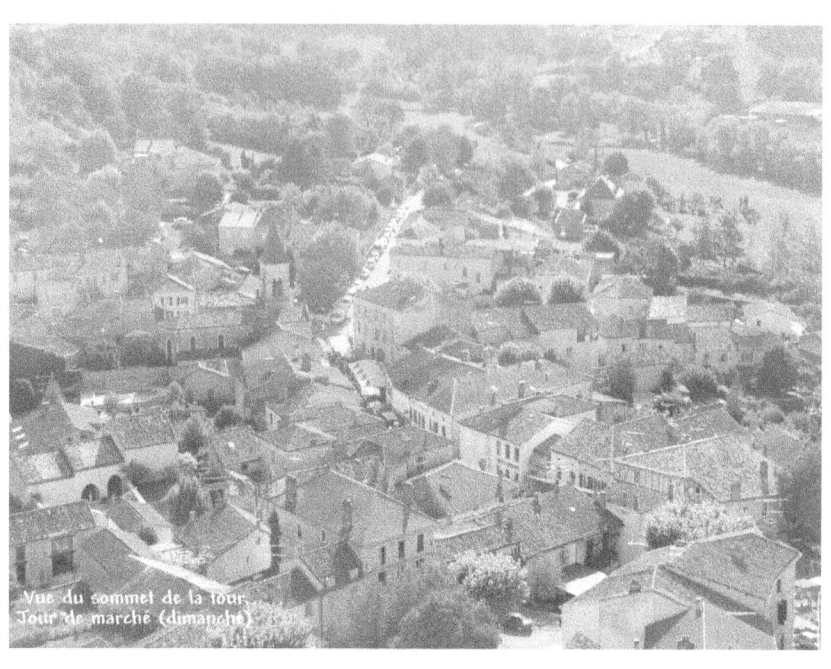
Vue du sommet de la tour.
Jour de marché (dimanche)

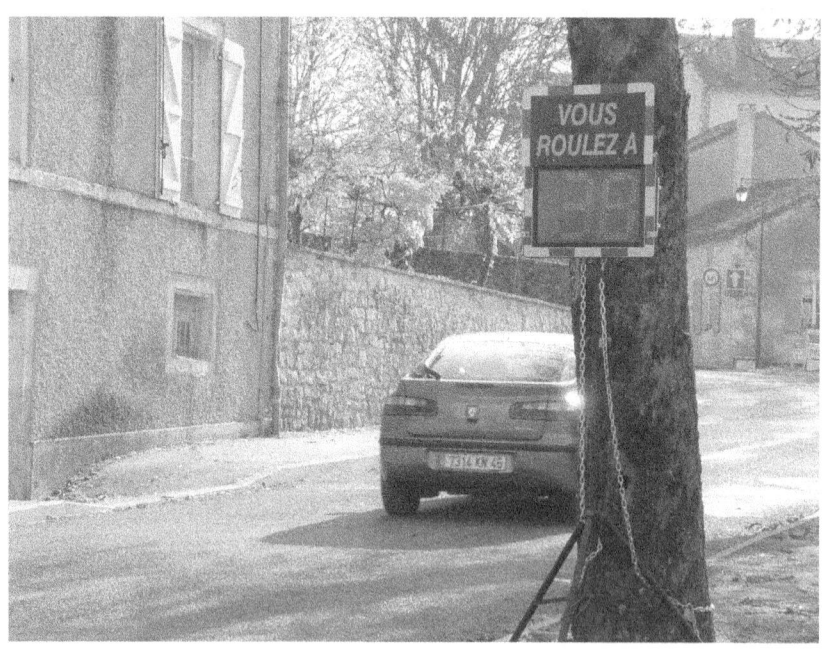

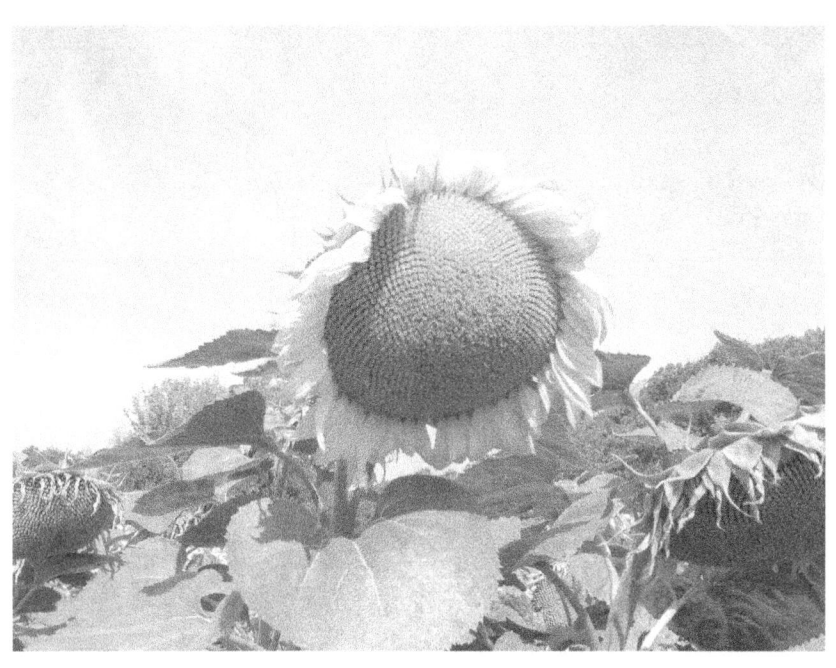

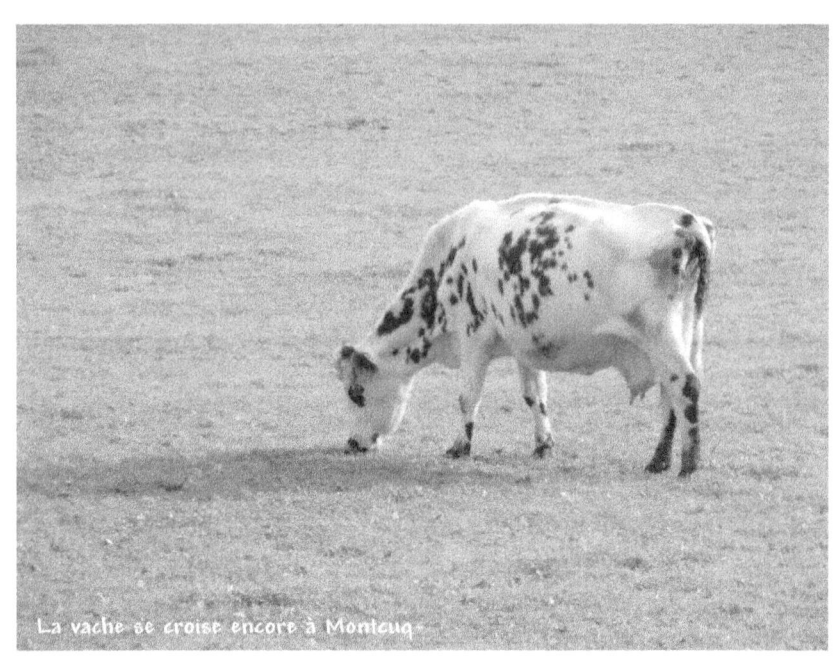

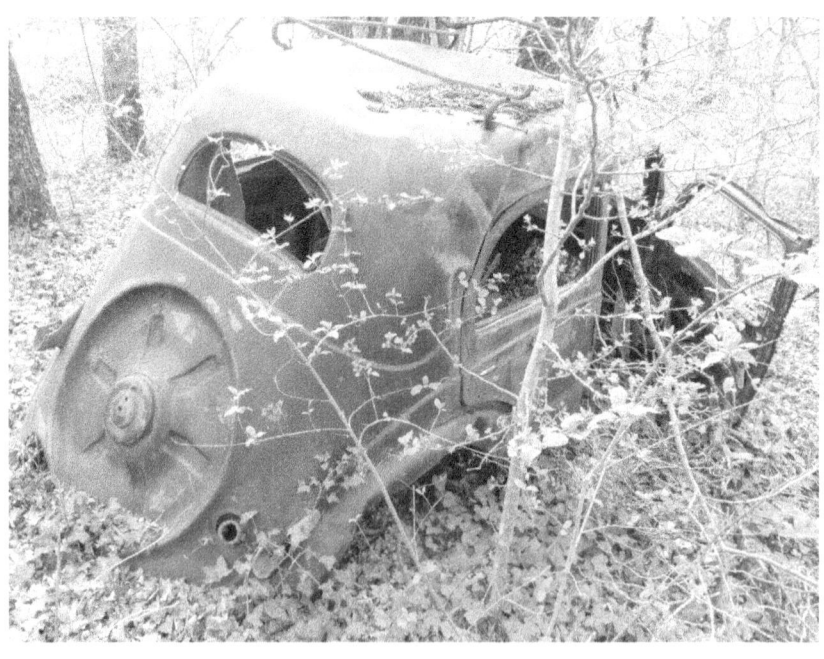

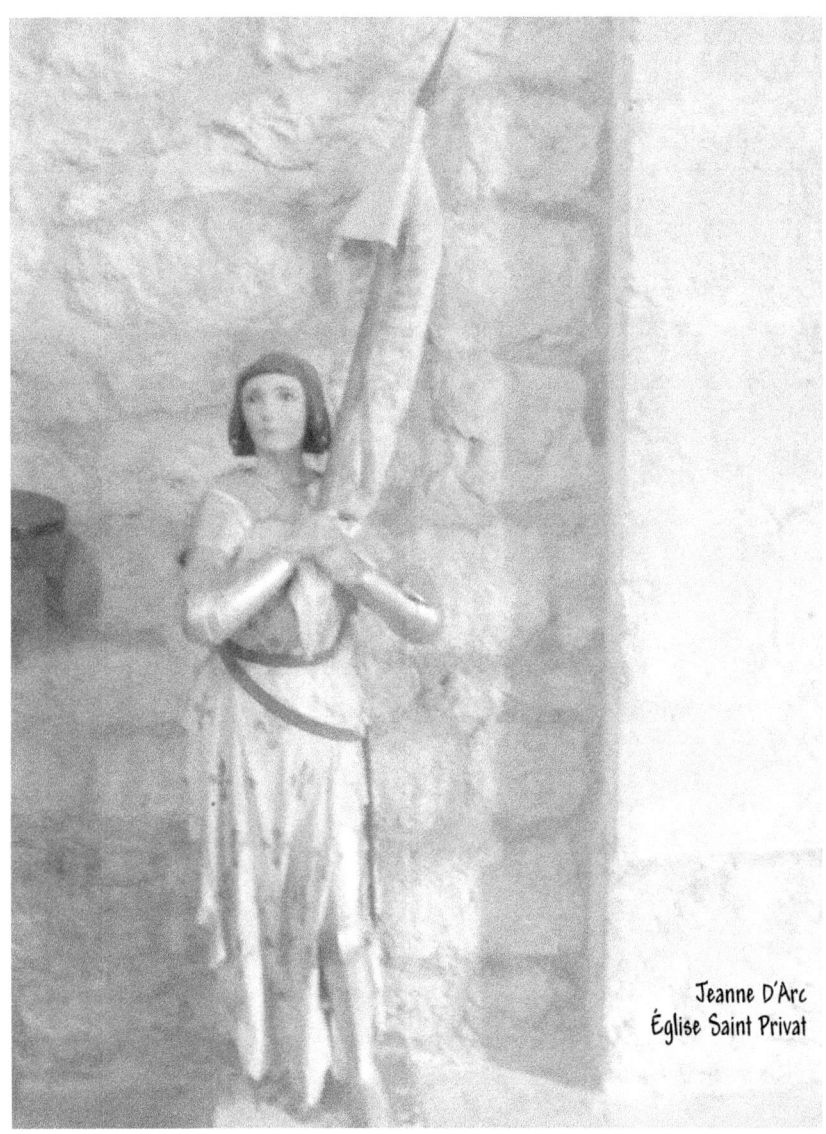
Jeanne D'Arc
Église Saint Privat

Redescendre...

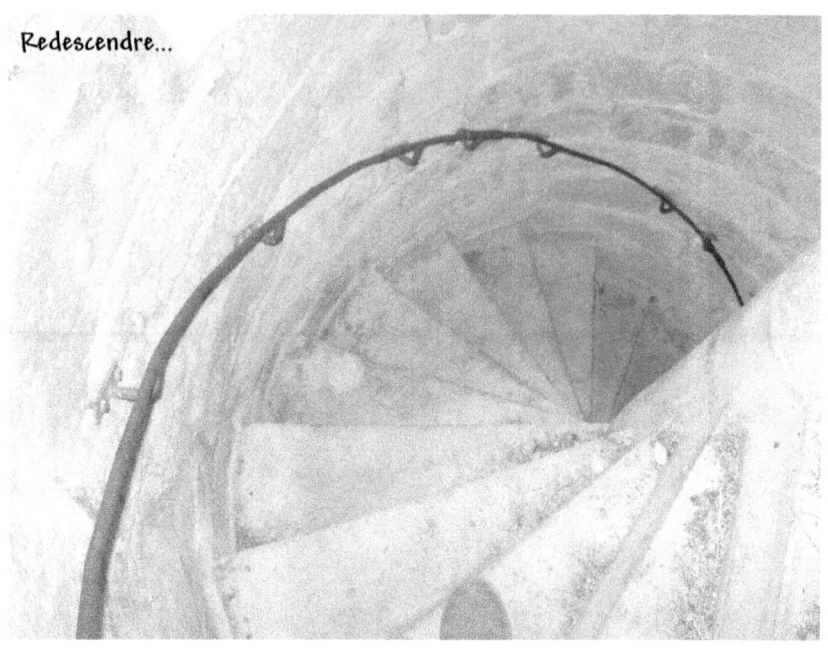

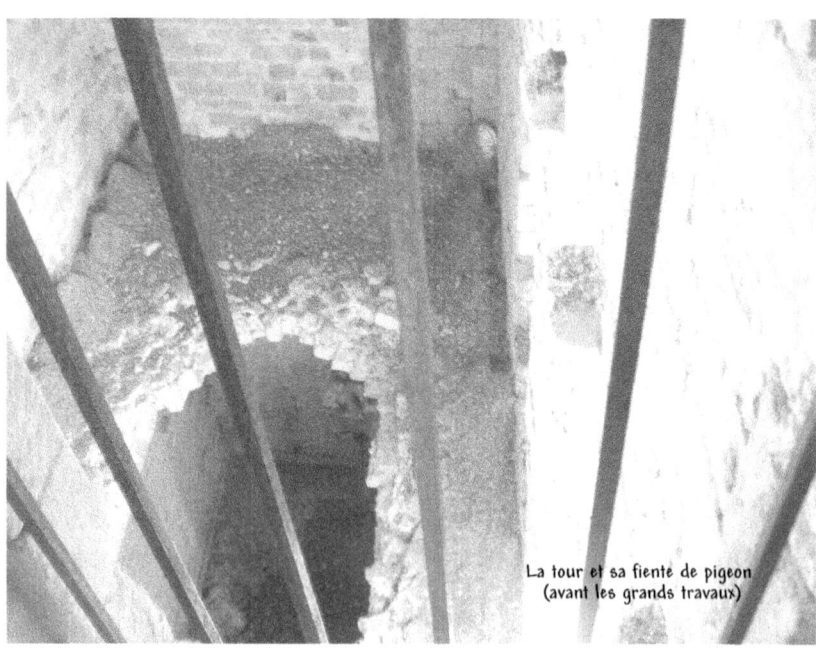
La tour et sa fiente de pigeon
(avant les grands travaux)

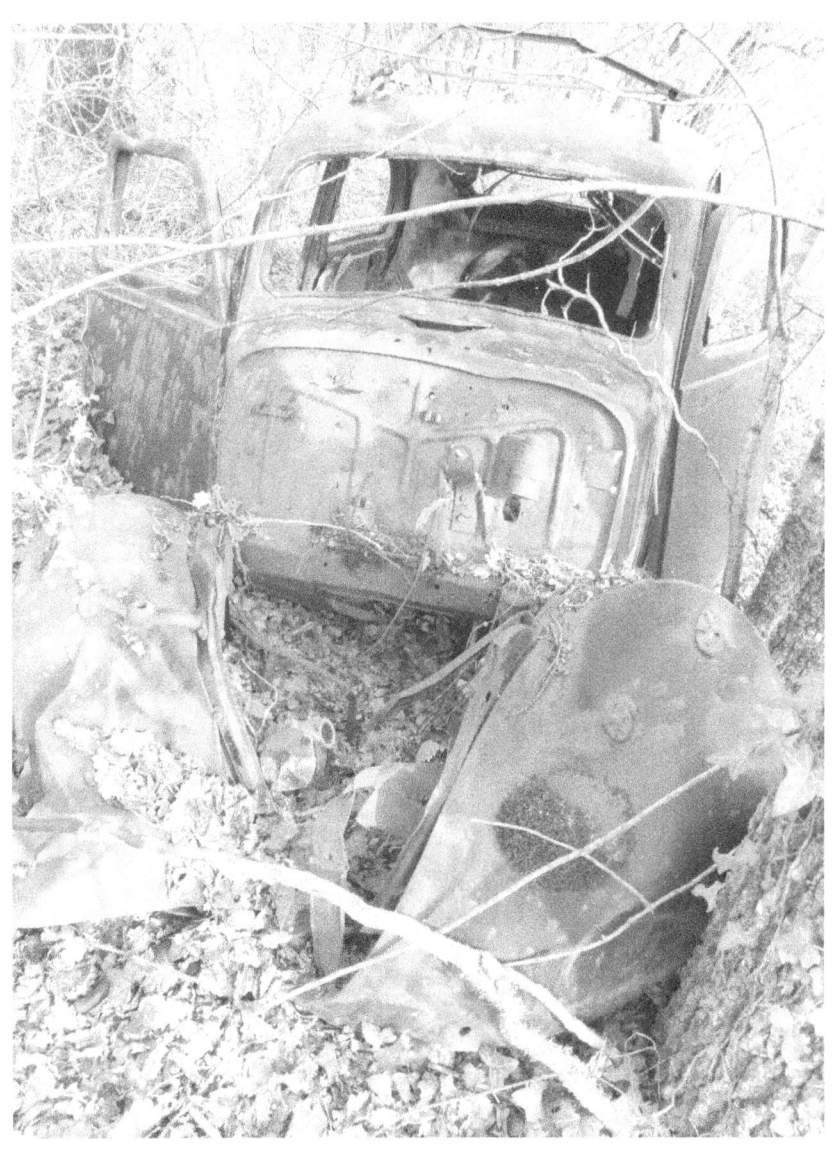

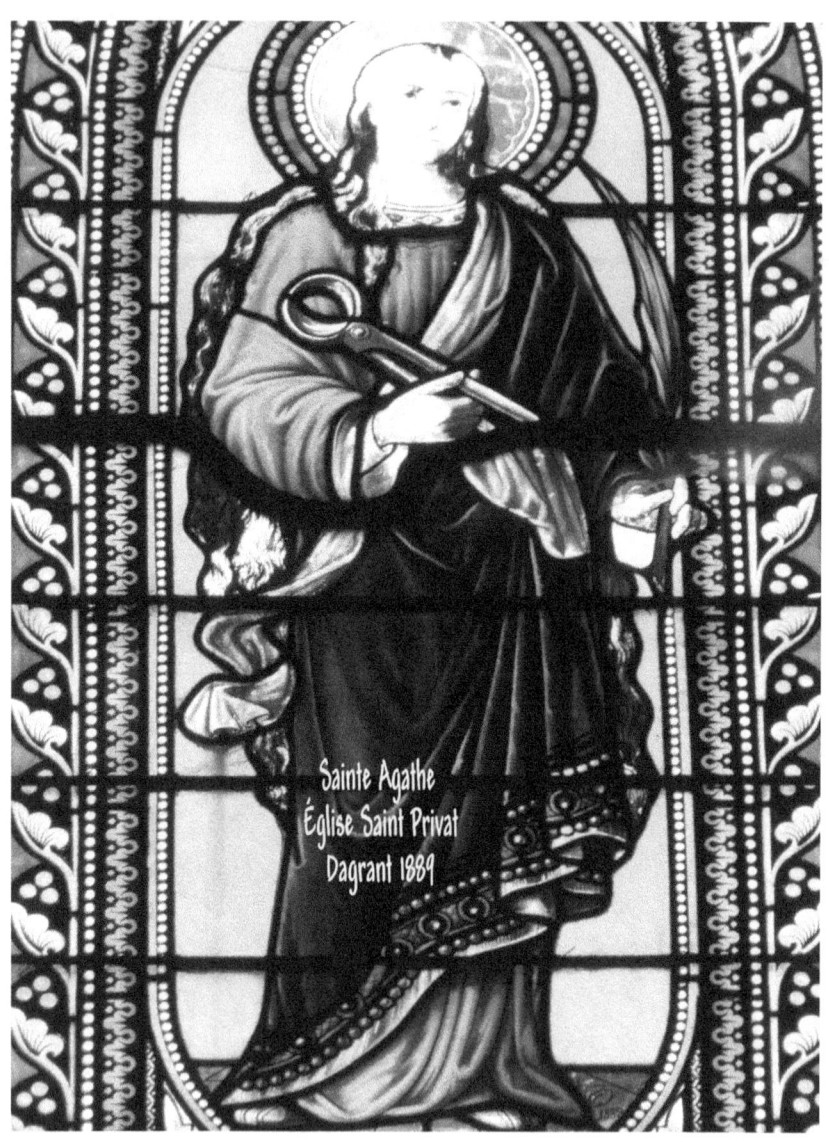

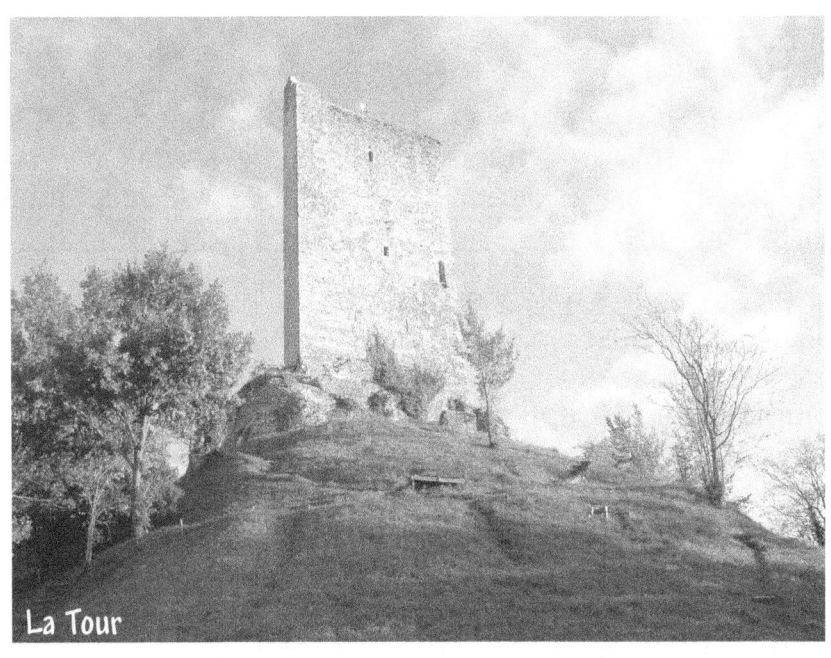

La Tour

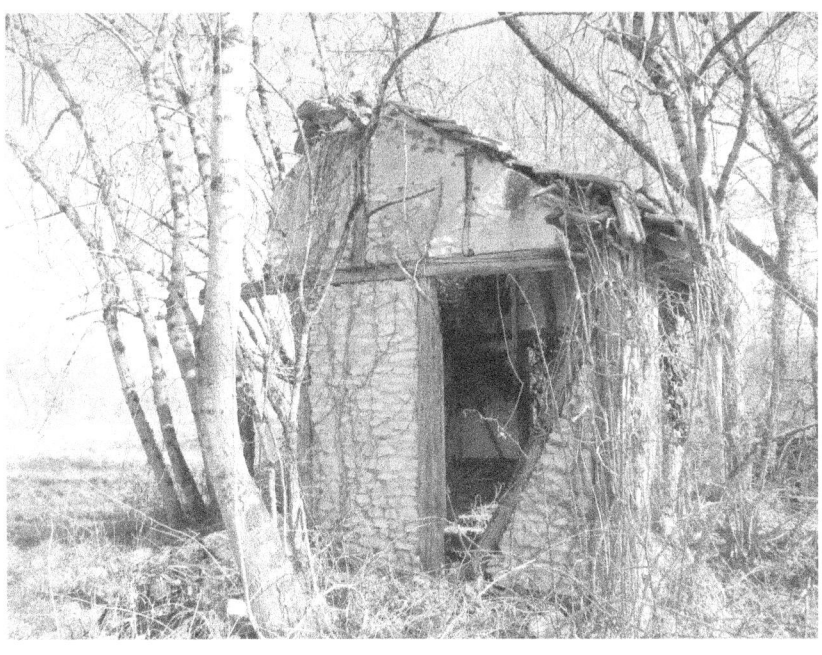

Auteur

Né en 1968, il publie depuis 1991, d'abord sous son nom de naissance puis sous divers pseudonymes, éditeur indépendant depuis son premier livre.

Dès 2004, il a proposé des livres numériques, en PDF. Mais c'est en 2011 seulement que les ventes dématérialisées ont démarré. Son catalogue numérique (depuis mi 2011 distribué par *Immateriel*) a ainsi rapidement dépassé celui du papier, grâce à des essais, des livres de photos... tout en continuant la lente écriture dans les domaines du théâtre et du roman. Depuis octobre 2013, et son « identifiant fiscal aux États-Unis », son catalogue papier tend à rattraper celui en pixels.

Il convient donc de nouveau d'aborder l'auteur sous le biais de l'œuvre. Ainsi, pour vous y retrouver, http://www.ecrivain.pro essaye de fournir une vue globale. Et chaque domaine bénéficie de sites au nom approprié :
http://www.romancier.org
http://www.parolier.org

http://www.essayiste.net

http://www.dramaturge.fr
http://www.lotois.fr

Vous pouvez légitimement vous demander pourquoi un auteur avec un tel catalogue ne bénéficie d'aucune visibilité dans les médias traditionnels. L'écriture est une chose, se faire des amis utiles une autre !

Catalogue

Romans : (http://www.romancier.org)
Le Roman de la révolution numérique également sous le titre *Un Amour béton*
Ils ne sont pas intervenus (le livre des conséquences) également sous le titre *Peut-être un roman autobiographique*
La Faute à Souchon ? également sous le titre *Le roman du show-biz et de la sagesse (Même les dolmens se brisent)*
Liberté, j'ignorais tant de Toi également sous le titre *Libertés d'avant l'an 2000*
Viré, viré, viré, même viré du Rmi
Quand les familles sans toit sont entrées dans les maisons fermées

Edition (http://www.auto-edition.com)
Le guide de l'auto-édition, papier et numérique
Le manifeste de l'auto-édition - Manifeste politico-littéraire pour la reconnaissance des écrivains indépendants et une saine concurrence entre les différentes formes d'édition
Écrivains, réveillez-vous ! - La loi 2012-287 du 1er mars 2012 et autres somnifères
Le livre numérique, fils de l'auto-édition
Réponses à monsieur Frédéric Beigbeder au sujet du Livre Numérique (Écrivains= moutons tondus ?)
Comment devenir écrivain ? Être écrivain ? (Écrire est-ce un vrai métier ? Une vocation ? Quelle formation ?...)
Copie privée, droit de prêt en bibliothèque : vous payez, nous ne touchons pas un centime - Quand la France organise la marginalisation des écrivains indépendants
Alertez Jack-Alain Léger !

Théâtre : (http://www.dramaturge.fr)
La baguette magique et les philosophes
Neuf femmes et la star
Avant les élections présidentielles
Les secrets de maître Pierre, notaire de campagne
Deux sœurs et un contrôle fiscal
Ça magouille aux assurances
Pourquoi est-il venu ?
Amour, sud et chansons
Blaise Pascal serait webmaster
Aventures d'écrivains régionaux
Trois femmes et un amour
Chanteur, écrivain : même cirque
« Révélations » sur « les apparitions d'Astaffort » Brel / Cabrel (les secrets de la grotte Mariette)
J'avais 25 ans

Pour troupes d'enfants :
Les filles en profitent
Révélations sur la disparition du père Noël
Le lion l'autruche et le renard
Mertilou prépare l'été
Nous n'irons plus au restaurant

Recueils :
Théâtre peut-être complet
La fille aux 200 doudous et autres pièces de théâtre pour enfants
Théâtre pour femmes

Chansons : (http://www.parolier.info)
Chansons trop éloignées des normes industrielles
Chansons vertes et autres textes engagés
Parodies de chansons - De Renaud à Cabrel En passant par Cloclo et Jacques Brel
Chansons d'avant l'an 2000
Vivre Autrement (après les ruines), l'album invisible...

Photos : (http://www.france.wf)
Cahors, 42 inscriptions aux Monuments Historiques
La disparition d'un canton : Montcuq
Montcuq, le village lotois
Cahors, des pierres et des hommes. Photos et commentaires
Limogne-en-Quercy Calvignac la route des dolmens et gariottes
Saint-Cirq-Lapopie, le plus beau village de France ?
Saillac village du Lot
Limogne-en-Quercy cinq monuments historiques cinq dolmens
Beauregard, Dolmens Gariottes Château de Marsa et autres merveilles lotoises
Villeneuve-sur-Lot, des monuments historiques, un salon du livre... -Photos, histoires et opinions
Henri Martin du musée Henri-Martin de Cahors - Avec visite de Labastide-du-Vert et Saint-Cirq-Lapopie sur les traces du peintre
L'église romane de Rouillac à Montcuq et sa voisine oubliée, à découvrir - Les fresques de Rouillac, Touffailles et Saint-Félix
Cajarc selon Ternoise

Livres d'artiste (http://www.quercy.pro)
Quercy : l'harmonie du hasard
Lot, livre d'art
Montcuq, livre d'art
Quercy Blanc, livre d'art
Cahors, livre d'art
Quercy : l'harmonie du hasard
La beauté des éoliennes
Golfech, c'est beau un village prospère à l'ombre d'une centrale nucléaire
Jésus, du Quercy

Essais (http://www.essayiste.net)
Ya basta Aurélie Filippetti !
Amour - état du sentiment et perspectives
Contrairement à Gérard Depardieu, dois-je quitter la France ?
Cahors, municipales 2014 : un enjeu départemental majeur
Quand Martin Malvy publie un livre : questions de déontologie

Politique : (http://www.commentaire.info)
Ce François Hollande qui peut encore gagner le 6 mai 2012 ne le mérite pas (Un Parti Socialiste non réformé au pays du quinquennat déplorable de Nicolas Sarkozy)
Nicolas Sarkozy : sketchs et Parodies de chansons
Bernadette et Jacques Chirac vus du Lot - Chansons théâtre textes lotois
Affaire Ségolène Royal - Olivier Falorni Ce qu'il faut en retenir pour l'Histoire - Un écrivain engagé, un observateur indépendant
François Fillon, persuadé qu'il aurait battu François Hollande en 2012, qu'il le battra en 2017

Notre vie (http://www.morts.info)
La trahison des morts : les concessions à perpétuité discrètement récupérées - Cahors, à l'ombre des remparts médiévaux, les vieux morts doivent laisser la place aux jeunes...
Cahors : Adèle et Marie Borie contre Jean-Marc Vayssouze-Faure - Appel à une mobilisation locale et nationale pour sauver les soeurs Borie...

Jeux de société
http://www.lejeudespistescyclables.com
La France des pistes cyclables - Fabriquer un jeu de société pour enfants de 8 à 108 ans
Le bon chemin pour Saint-Jacques-de-Compostelle

Divers :
La disparition du père Noël et autres contes
J'écris aussi des sketchs
Vive les poules municipales... et les poulets municipaux
- Réduire le volume des déchets alimentaires et manger des oeufs de qualité
Le Martyr et Saint du 11 septembre : Jean-Gabriel Perboyre

En chti : (http://www.chti.es)
Canchons et cafougnettes (Ternoise chti)
Elle tiote aux deux chints doudous (théâtre)

Œuvres traduites (http://www.traducteurs.net)
La fille aux 200 doudous :
- *The Teddy (Bear) Whisperer* (Kate-Marie Glover)
- Das Mädchen mit den 200 Schmusetieren (Jeanne Meurtin)

- Le lion l'autruche et le renard :
- How the fox got his cunning (Kate-Marie Glover)

- Mertilou prépare l'été :
- The Blackbird's Secret (Kate-Marie Glover)

- La fille aux 200 doudous et autres pièces de théâtre pour enfants (les 6 pièces)
- La niña de los 200 peluches y otras obras de teatro para niños (María del Carmen Pulido Cortijo)

Chansons - CDs : (http://www.chansons.org)
Vivre Autrement (après les ruines)
Savoirs
CD Sarkozy selon Ternoise (parodies de chansons, 2006)

Mentions légales

Tous droits de traduction, de reproduction, d'utilisation, d'interprétation et d'adaptation réservés pour tous pays, pour toutes planètes, pour tous univers.

Site officiel : http://www.ecrivain.pro

Présentation des livres essentiels :
http://www.utopie.pro

Vous pouvez acquérir ces clichés au format originel du photographe, en droit de reproduction, exemplaires numérotés et signés, sur http://www.galerie.me

Dépôt légal à la publication au format ebook du 24 juillet 2014.

Imprimé par CreateSpace, An Amazon.com Company pour le compte de l'auteur-éditeur indépendant **livrepapier.com**.

ISBN 978-2-36541-592-7
EAN 9782365415927
Montcuq, livre d'art de François-Antoine de Quercy
© Jean-Luc PETIT - BP 17 - 46800 Montcuq France - http://www.montcuq.info

www.ingramcontent.com/pod-product-compliance
Lightning Source LLC
Chambersburg PA
CBHW070257230526
45470CB00002B/614